《周易》
卦序问题综论

[美]舒来瑞（Larry James Schulz） 著

夏世华 编译

WUHAN UNIVERSITY PRESS
武汉大学出版社

图书在版编目（CIP）数据

《周易》卦序问题综论/（美）舒来瑞著;夏世华编译 . —武汉：武汉大学出版社,2022.4

ISBN 978-7-307-22576-3

Ⅰ.周…　Ⅱ.①舒…　②夏…　Ⅲ.周易—研究　Ⅳ.B221.5

中国版本图书馆 CIP 数据核字（2021）第 209316 号

责任编辑:黄河清　　　责任校对:李孟潇　　　版式设计:马　佳

出版发行: **武汉大学出版社** 　（430072　武昌　珞珈山）

（电子邮箱：cbs22@whu.edu.cn　网址：www.wdp.com.cn）

印刷: 武汉中科兴业印务有限公司

开本:720×1000　1/16　印张:13.75　字数:202 千字　插页:1

版次:2022 年 4 月第 1 版　　2022 年 4 月第 1 次印刷

ISBN 978-7-307-22576-3　　定价:69.00 元

目　　录

自　序

　　1984 年，我在美国佐治亚州亚特兰大的高等博物馆举办了一个中国传统工艺和技术的展览。展览目录讨论了具有世界意义的中国的四项发明：纸张、印刷、火药和指南针。这些发明影响了全世界文明的发展，特别是对欧洲探索时代和知识传播的贡献。此前的 1982 年，我完成了关于明代来知德易学的博士论文，并获得了普林斯顿大学的学位。经过 40 年对来氏和他所属的"象数学"思维的研究，我开始意识到，还有第五个中国发明并没有被普遍承认，但它对现代生活的影响，至少和前面提过的四个一样大，那就是首先实际应用了二进制的观念。11 世纪的邵雍把六十四卦组织为"先天方图"，这可以说是最早的二进制的模型。过了 600 年，邵子的发明被德国的数学家戈特弗里德·威廉·莱布尼茨（Gottfried Wilhelm Leibniz，公元 1646—1716 年）看到，他认为如果所谓的柔爻代表数字 0，刚爻代表数字 1，那么"先天方图"的卦序列，就是自己二进制数系统的先祖。又过了 300 年，二进制数变成我们数字时代的基础。

　　邵雍的"先天方图"是我所研究的来知德在《周易集注》中附录的一百多张图表之一。在开始准备论文的材料时，我就花了四个月去证明那套图表与来氏的易学无关。与来氏同处 16 世纪的许多其他学者，如钱一本、杨时乔等，都是多产的图形制作者。来知德因为用他 1599 年的书中的几幅图形来解释《周易》而闻名，这使得后来的出版商收集了其他作者的图表，并将它们添加到来氏的《易经》解说之后。其后《周易集注》的大多数版本，情况都是如此。

　　那些图形多半是八个三画卦或六十四个六画卦以各种不同方式的重新

排布，而它们以图示的方式展示了卦之间的关系。一般来说，作者们认为卦爻辞在卦爻画中有其来源。那些人也倾向于同意其他易学家（甚至包括其他象数学者）完全无法理解这些关系。因此，他们强调先看卦爻的结构，然后将卦爻的视觉形象带入对卦爻辞的理解之中，他们由此提出了许多不同的方阵和圆形阵列，让人查看卦的类型和该类型的意义。总之，这项活动产生了一个丰富的人工的卦序列图形数据库。

我的研究也使用了象数学者"先看卦"的方法来分析这个数据库的内容，而提炼出他们图表中的卦之间共享的原则。这些原则的基础是三画卦和六画卦共享的直观属性，而图表的作者按照那些属性来定义他们卦序列的结构。莱布尼茨、乔治·布尔（George Boole，公元 1815—1864 年）、理查德·汉明（Richard W. Hamming，公元 1915—1998 年）和其他研究人员利用了二进制数系统中的一些原素对二元数字进行了研究，这些元素在很大程度上是计算性的。然而，中国象数学者所提出的，以及将在本书中予以讨论的，大多是描述性的。在认知和计算机科学的背景下，那些命题据我所知仍未被探索。我相信这些从卦序列的图形数据库中抽象出来的原则有可能为研究人类思维的运作提供新的视角，而这已成为我后期工作的目标。本书最后一篇文章《N 画卦理论》总结了我对这个主题的看法。

然而，我一直以来的目标是解决《周易》卦序的难题。就《周易》经本身而言，六十四卦卦序列的安排比任何一个后来的图形数据库中的卦序列都要更加难以理解。来知德在《上下篇义》里就提出了关于《周易》卦序逻辑的几点建议，这些建议是我研究的出发点。从那里开始，我对卦序结构进行了近乎全面的解释。在 20 世纪 80 年代，我不断回到这个问题，并在 1990 年发表了一篇初步研究的文章。① 在那项研究中，我在研究来知德的基础上，提出了自己分析卦序问题的基本图示，即所谓的"统一视角"。其中，六十四个六画卦被浓缩为三十六个"统一位"。像乾、坤那样翻转无别的八

---

① Larry J. Schulz. Structural Motifs in the Arrangement of the 64 Gua in the Zhouyi [J]. Journal of Chinese Philosophy, 1990, 17(3): 345-358.

个"对卦"被视为单独的统一位，而像屯、蒙那样互为"反卦"的两个卦被视为一个统一位。如此，上、下经就成为各具十八个统一位的平行子序列。该方式减少了待处理的视觉内容的数量，并让人更容易看到整个卦序中统一位置的模式。

在过去 20 年里，我继续就早期研究中的一些不足之处予以探讨，并在 2011 年发表了一个更完整的解释——《〈易经〉卦序中的结构性因素》①。卦序的结构实际上像一幅拼图，由互锁的部分拼合而成。与早期的象数家一样，我设计了许多图形来展示这些部分是如何组合在一起的。这些互锁的部分是卦序中的各种子序列，最明显的子序列是上、下经。在这两个子序列中，对卦和反卦都配对并置，并且成对的对卦、反卦的基础阴阳爻净计数也是配对的。此外，在上、下经中还有平行的卦组，它们反映了其成员卦的属性，如三画卦自重卦、消息卦、全应爻卦等。复次，卦序作者在卦序中强调了阳卦在奇位、阴卦在偶位的顺序规则。这些属性和规则所造成的结果是构造了一种微妙的美。其中，通过重叠的卦组和简洁地暗示其他卦组，卦序呈现了最大化的信息量。

最后，我意识到卦序中的图案叠加在三个层面上运作，就写了《〈周易〉卦序结构中的三层意义》。完成这篇文章以后，又认识到"互体"在卦序结构中的特殊意义，于是又写了《"互体"卦与〈周易〉卦序的第四层结构》作为补充，一起来阐明这些结构特征。这项研究还额外总结了六画卦的属性和卦序的结构规则，使属性的总数达到十一个，使规则的总数达到十七个。

在研究《周易》卦序的过程中，我不断回到历史上的图形集合来考虑问题。其中非常有趣的是汉朝孟喜的"卦气图"。《〈易经〉卦序的季节性结构》一文，使用了统计方法，来证明"卦气图"序列可以作为平均一年生产周期的图表。在这种安排中，十二个消息卦首先被识别为六画卦属性组。

---

① Larry J. Schulz. Structural Elements in the Zhou Yijing Hexagram Sequence[J]. Journal of Chinese Philosophy, 2011, 38(4)：639-665.

剩下的卦根据阴阳爻计数排列。根据季节性类比，将冷的月份视为阴性，在卦序列的冬季和春季部分中，阴爻比阳爻多。同样，在夏季和秋季部分，阳爻比阴爻多。然而，我无法解释该序列中除消息卦之外的其他各个六画卦的位置。剩下的五十二个卦似乎缺乏在其他人工序列中发现的任何一种规则，而除了累积阴阳爻的季节性趋势似乎是随机放置的。尽管如此，这样的季节性概念也存在于《周易》卦序中，而"卦气图"的六画卦季节性放置方式与其"消息卦"成为后来象数家的公理。

在卦序列图形数据库中，我非常关注邵雍的"先天方图"，并将其与《周易》卦序予以比较，进行了长时间的研究。方图或许起源于《周易》完成三千年之后，而令人惊讶的是，在邵子的系列中竟然会发现许多与《周易》相似的规则。我在《"先天方图"和〈周易〉卦序共享卦属性和位置规则》中讨论了这些相似之处。这些相似之处提出了一些可能无法解决却很有趣的问题：《周易》卦序的创造者是否曾受到过类似于邵雍先天方图那样的图形的影响呢？或者是二元系列中固有的六画卦属性和规则呢？又或者，会不会是人类意识将它们强加于二元系列的呢？

也许后两个问题是相同的。数字是人类心灵的产物，看到数字模式也是一种心理活动。同样，安排卦序列的想法是大脑的神经元网络的活动，它可以被理解为二元开关电学结构。当心灵创出某种卦序模式时，就像心理学上的罗夏克测试一样，反映了它的内部运作。当反射是可量化的时，如以二进制性六画卦那样，那些内部运作就会以前所未有的格式得到研究。据我所知，不仅罗夏克测试，而且任何其他投射神经活动的方法，都没有如此直接的数学性。

令我更加惊讶的是，我偶然发现了王肇宗先生 1829 年刻印的《周易图》，在这本几乎已经无人知晓的书中，我发现他提出了一些与我所见相同的属性与规则。在《王肇宗〈周易图〉中关于〈周易〉卦序结构的思想》中，我描述了他的想法。李尚信博士 2008 年出版的《卦序与解卦理路》也引起了我对另外两位意想不到的先行者的注意，即与王肇宗同时代的崔述和 20 世纪 30 年代的沈有鼎，他们都曾指出《周易》卦序并非像传统学者所断言的那样是一个叙事序列，用沈有鼎的话说，崔氏和沈氏认为卦序"用建构原则"。这种说法集中体现了我们四个后学以更客观的方法所看到的与传统关于卦序观点的差异。王氏、崔氏和沈氏都曾研究了我正在考察的主题，而我直到发表一篇文章之后，才逐步发现他们。沈有鼎在了解崔氏早期的主张之后，也曾感到很惊讶，他告诫说："由是知客观真理，非一人之言，故详著其说，读者幸无忽之。"①《易经》的现有材料数量如此繁多，以至于每个研究人员都必须谨慎对待原创性。

人们很有可能认为，这些新的概念上的突破是在中国人理解科学探究原则，并允许对儒家正统观点进行一种多元化解读的 19 世纪才出现的。然而，在清朝早期，儒家就已经发展了考据学作为研究经典的方法，并对经典进行了一种细致的研究。如果将其态度应用于数学，描述自然过程和物理力量，可能已经演变为现代意义上的科学了。并且，黄宗羲在《易学象数论》中已经对与《易经》相关的图形进行了批评，证明它们并没有影响"卦爻辞"或"十翼"的写作。然而，像杨方达那样的学者，仍然在 1730 年表现出把图形本身作为研究对象的兴趣。本着考据学的精神，杨氏一丝不苟地记录了早期图形的起源。他也创作了自己的原始风格的图形。虽然王肇宗没有提到杨氏，但是后者的一些图形与王氏的图像有明显的相似之处，这暗示着他的灵感部分来自象数领域。

科学范式的转变是否影响了王氏和崔氏，已经不得而知，而现代的思维方式明确影响了沈有鼎。科学方法当然是我在易学研究中所倡导和坚持的，这对比我年轻的李尚信博士来说，也是如此。李博士也以其独立的易学研究，证明了一些与我不谋而合的发现。像李博士和我这样的研究者认为，《周易》是否为周文王和孔子那样受尊敬的古代圣贤所创作，并不像影响传统学者那样，会导致我们研究方向的偏移。例如，来知德在开始建立自己的观点之前，用了 40 年去反驳朱熹以"卦变"概念解说一些卦爻辞的

---

① 沈有鼎. 周易序卦骨构大意. 沈有鼎集［M］. 北京：中国社会科学出版社，2006：272.

观点。一些儒家的正统想法，可以说是迄今为止阻碍人们看到卦序潜在结构原则的主要原因。

在传统易学方法中，人们习惯于认为有必要验证十翼是对卦爻辞的正确解释。《彖》、大小《象》、《说卦》等传都依赖于三画卦联想来解释卦爻辞。后来儒者觉得有必要找到三画卦联想的卦象依据，为了实现这一目标而发明了像"卦变""互体""旁通"等方法。马王堆帛书《周易》的发现表明，"十翼"并不一定是唯一或最早的解说。此外，后来的象数学以三画卦联想或占卜数学为核心，这在帛书《易》所附的"易传"中也并未说出（帛书《易》的卦序也是独一的，但是，我倾向于相信帛书卦序是今本《周易》卦序的重新排列）。因此，帛书的发现表明，黄宗羲所说的《周易》卦辞与传统解释方式的脱钩可能已经完成。

尽管如此，卦爻画与圣人所系之辞是不会完全分开的。《系辞》几次说到"易之为书也"，在这个上下文语境中，"书"指出了卦爻辞与《周易》卦序的一致呈现。按理说，本书应该研究两个方面之间是否存在着某种关系。我研究了六画卦的属性和卦序中的规则是否影响了《周易》措辞选择的可能性。在《卦属性与卦爻辞的关系》中，我用统计分析的方法提出了这种关系的一些例子。其中只可以假设一个或两个可能指向三画卦联系的起源，而更多的则是与反卦、之卦等关系相关联。在这方面，科学调查表明，对于卦爻画和《周易》措辞之间关系的传统信念存在着证据基础，然而，传统观念并没有强调正确的关系。

我的结论是，当遵循许多代易学家的本能而不是他们的信念时，我们就会被引导到一个丰富的几乎没有被探索过的关于人类思维的启示中去。尽管他们仔细记录了《周易》卦爻辞的意义、出版历史以及甚至是他们最终拒绝的图像，但传统学者大多不愿意将他们的思想从"十翼"的影响中解放出来。这不是因为他们害怕批评正统传统。像来知德这样的学者毫不犹豫地说以前的儒者所做的解释是错误的。但他们坚持认为孔子写了"十翼"，而他们的敬畏强迫他们进行巧妙但无法得到支持的解释。这种知识矛盾的安全阀出现在《系辞》"君子所居而安者，易之序也"的话中。"易之序"构成了一个实验室，来试验六画卦之间的关系。象数学者相信这些关系可能有助于解释卦爻辞的意义，但是最终这些实验创造了一个独立的研究领域。虽没有明确的说明，但本书的目的不仅仅在于《易经》卦序，而且还涵盖了人类思维的内在运作。

在《中国科学技术史》中，李约瑟博士对《易经》的批评是严厉的，他认为它集中了中国最优秀人才的精力，易学是对中国科学发展的一种大阻碍。但我相信，象数学家所建议的卦序列的属性和规则，通过在计算实践中添加定性维度，反而可以为使用二进制进程的科学领域提供潜在理论框架的补充。如果在我所指示的方向上进一步研究，也许这个鲜为人知的中国思想史领域将被认为是对科学世界的贡献，足以与以前的"四大发明"相提并论。

至少我希望我提供的见解将为当代读者揭示《周易》卦序的微妙之美。除了指向科学的应用方向外，它是一个复杂而多层次的视觉艺术作品，体现了中国文化的核心。

此外，笔者要感谢 The Journal of Chinese Philosophy 刊发《〈易经〉卦序的季节性结构》和《〈易经〉卦序中的结构性因素》两文的英文版。同时，还要感谢清华大学的丁四新教授和中南财经政法大学哲学院的王雨辰院长对本书出版的支持。最重要的是，笔者要感谢本书编译者夏世华先生，他为了理解、翻译和向中国读者展示我的作品，做了细致而刻苦的努力。我们身隔万里，素昧平生，却发现了一种有效的沟通方式，合作完成了一本我希望能帮助跨文化理解的书。

后学舒来瑞序

2019 年秋分

《易经》卦序的季节性结构

一、介绍

  《易经》是五经之首，本是一部占卜文本，由帝国时代的学者们赋予它哲学意义。至迟在汉朝(公元前207—220年)初期，根据《易经》的六十四个由阴阳爻画构成的六画卦、卦爻辞的预言和主要解说，儒者提出了他们对于物质宇宙的结构原则和人类在其中的恰当伦理角色的看法。在"十翼"中，《象》传可能是最早形成的，至迟在汉代初年，其中的易卦就被设想为以某种方式包含时间的瞬间。这可以从反复出现的陈述中推导出来，比如第十六卦豫的《象》辞说："豫之时义大矣哉。"第三十八卦睽的《象》辞说："睽之时用大矣哉。"在更详细的语言中，《系辞》传把卦的阳爻(刚爻 ▬▬▬)、阴爻(柔爻 ▬▬ ▬▬)和中国思想中众所周知的二元性要素，如天与地、日与月、昼与夜等对应起来。《系辞》又把六个爻称为"时物"，并根据四季来解释从占卜到建卦之间的数字过程。

  在《易经》本身之外，当六十四卦被排列为"卦气图"中的顺序时，它们被用作对年度周期的准数学描述(图1-1)。"气"是汉代用语中的一个术语，指的是任何现象——无论是有形的还是无形的——的实质内容，以及中国传统物理理论的基本概念。汉朝治下的第一个世纪产生的《淮南子》的第三篇《天文训》以这种方式描述了这一理论："道始生虚廓，虚廓生宇宙，宇宙生气。气有涯垠，清阳者薄靡而为天，重浊者凝滞而为地。清妙之合专易，重浊之凝竭难，故天先成而地后定。天地之袭精为阴阳，阴阳之专精为四时，四时之散精为万物。"卦气系统可能源于孟喜，① 孟氏首次见于中国历史，是作为汉武帝宫廷中的四个《易经》博士之一。孟喜按照图1-1所示的顺序匹配六十卦，每个卦为一段6.0875天（即365.25/60）的时间的值卦，其余四个卦分别控制四季中的一个。除了将这四个卦指定于相应的季节之外，又有十二个卦（在图1-1中以"……"突出显示）占据每五个连续位置之首，这些被称为"消息卦"，意为"积累和分散"，它们取自另一卦《象》辞中的时间典故，第五十五卦丰卦《象》曰："天地盈虚，与时消息。"这个概念成为孟喜在随后的《易经》诠释中唯一持久的贡献。从这十二个卦的位置，以乾（䷀）在夏至之前，坤（䷁）在冬至之前，可以很明显地看到，消息卦是一年内日常阳光量增加和随后减少模式的节点，并且阳爻的"积累"与阳光量的增加相关，阴爻在卦内向顶部增长则与阳光在年度周期中减少相关。冬至后经五个卦来到复（䷗）卦，此后经五个卦到临（䷒）卦，依此类推，阳爻逐一向上替代阴爻，直到夏至时到没有阴爻的乾（䷀）卦。以后，阴爻"进入"底部到姤（䷫）卦，而阳爻被阴爻逐渐推出去了。如同太阳周期的气随着一个阳的过程以至于它的最大量，然后随着一个阴的过程以至于它的最小值，十二卦的气在一个图式中"消"与"息"。

卦气图中剩余四十八卦的顺序虽然没有这样的图形对称性，但是它们的排列也有特点，即刚柔爻的渐变分布是与作为阴阳季节性位移的年周期相应的。也就是说，分析冬季卦（图1-1的第一行）的爻数构成会发现，共有三十二个阳爻和四十个阴爻，这反映了冬季阴爻的主导地位。春季共有阳爻三十六、阴爻三十六，计数相等。夏季有四十二个阳爻和三十个阴爻；秋季有三十四个阳爻和三十八个阴爻。若再加入消息卦，这种关系更加引人注目。冬季共有三十八个阳爻和五十二个阴爻；春季，五十一个阳爻和三十九个阴爻；夏季，五十四个阳爻和三十六个阴爻；秋季，三十七个阳爻和五十三个阴爻。

---

① "卦气出于孟氏，而其书不传，其说不详，详见于京氏书。"皮锡瑞. 经学通论 [M]. 台北："商务印书馆"，1969：20.

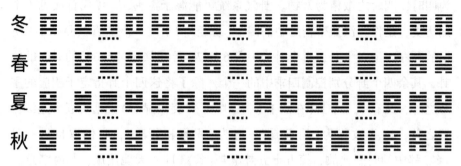

冬 春 夏 秋

‥‥‥ 消息卦

图 1-1　卦气图系列

虽然《象》和《系辞》对《易经》卦的时间意义早就表现出兴趣，但是没有系统地按照其卦序(图 1-2)来确定类似于"卦气图"系列曾提出的季节性模式。相反，《易经》组织的标准解释是由"十翼"中的另外一篇《序卦》来规定的。在《序卦》中，卦序被描述为一个原型情境的进展过程，居首的乾卦为天为父，居次的坤卦为地为母，由这处于前列的两卦中所含的自然或衍生的相类性所推动，逐步衍生出六十四卦序列。第三个卦，屯，据《象》传所言，是事物初生的时候。[①] 诸如此类，其他卦的描述又延伸到人类经

‥‥‥ 消息卦

图 1-2　今传本《周易》六十四卦顺序图

---

① 屯卦《象》曰："刚柔始交而难生。"

历中常见的各种状态。每个卦的状态总是引发其后来者，整个解释严格基于卦的名称，而不参考其爻画构成。

　　然而，根据对《易经》卦的爻画构成的分析，可以证明《易经》可能是按照季节类比安排的，这种季节类比，不仅类似于卦气图系列的结构原理，而且可能采用了相同类型的基础数据。为了做到这一点，我们采用了卦气学派最先使用的消息卦概念，并将阳爻作为+1，阴爻作为−1，绘制了两种卦序列的图（图 1-3 和图 1-4）。

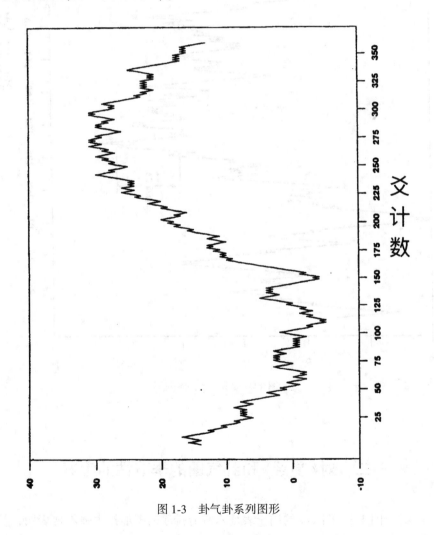

图 1-3　卦气卦系列图形

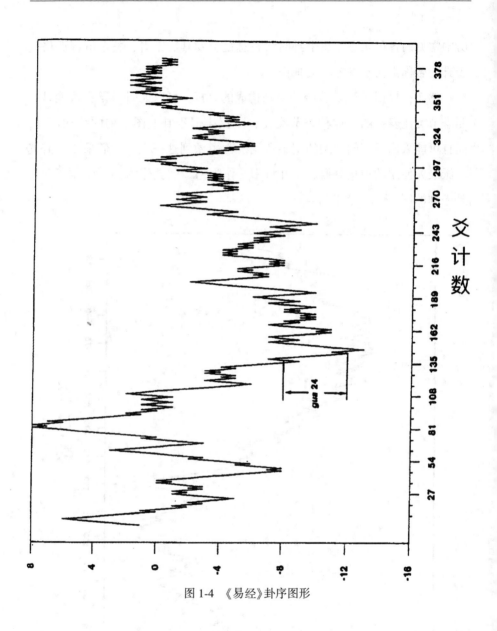

图 1-4 《易经》卦序图形

二、对《易经》和卦气图的季节性的考察

见于图 1-3、图 1-4 的用于表征六画卦排序的图形技术强烈地表明，与

上述讨论一致，季节性因素可能是《易经》和卦气系列中六画卦排序的原因。由于图 1-3 中的折线随着季节分界运行，因此它给出了温度或降雨量的图示，这似乎强烈暗示着卦的这种排序远非随机，而可能代表了对年度季节周期的刻意描述。

该假设的检验，是以回归的形式来比较图 1-3、图 1-4 中所描绘的运行概况和可观察的真实物理季节性数据。我们选择的数据是陕西西安的现代气候特征。西安既是历代相传的构造《易经》的周朝（公元前 1122—前 770年）初期的国都，也是孟喜所生活的汉代的首都。可用的气候数据包括月平均温度、湿度、降水量和日照（图 1-5）。① 在最终的回归方程中使用的物理数据是月平均温度和相对湿度。我们并不认为《易经》和"卦气图"的顺序是有意将六画卦与温度、湿度的某种组合相匹配的努力的直接结果，而是建议这样理解，这些特定的季节性因素实际上代表了潜藏在卦序安排之下的一组更为一般的季节或时间信息。也就是说，在前一节的讨论之后，我们假设两组卦的排序是基于季节性考虑的。

这些考虑在范围上可能非常广泛，却被气候数据合理地代表着。我们相信现在所采取的代表一年中发生的各种物理变化的测量方法，但在《易经》和"卦气图"最初构造时，这两个变量似乎都很容易观察到。温度模式的测量非常简单。相对湿度的模式并不那么简明地被获得。然而，当时的中国知识分子已经开发出一种通过称木炭重量来确定相对湿度（至少是相对湿度模式）的方法。② 受着作为季节性农业条件的合理代表这一理由的激励，温度和湿度也可以作为适当的解释变量。无论中国人精确追踪全年温度、湿度的能力如何，农业和气候条件都是任何社会的首要因素，因此有一定的信心，相信在做出假设时所选择的变量，可以合理代表一些（至少

---

① Zhao Songqiao. Physical Geography of China[M]. New York：John Wiley and Sons, Inc., 1986：206.

② Joseph Needham. Science and Civilization in China（Ⅲ）[M]. Cambridge：Cambridge University Press, 1954：470-471.

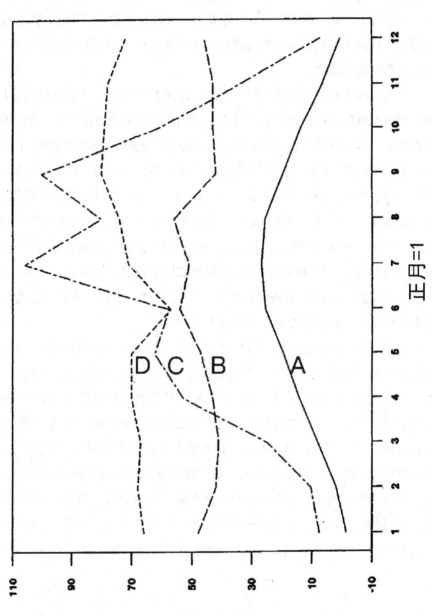

注：温度A线　　日光B线　　降雨C线　　湿度D线

图1-5　《易经》卦序图形

对我们来说是未知的)季节性信息。①

估计的回归方程是：

$$总和_t = 常数 + b_1 温度_t + b_2 温度_{t+1} + b_3 温度_{t+2} + b_4 湿度_t$$
$$+ b_5 湿度_{t+1} + b_6 湿度_{t+2}$$

其中总和$_t$是所描述的六画卦表征过程的总和，在 t 月初采样，温度$_t$是 t 月的月平均温度，湿度$_t$是 t 月的平均相对湿度。t+1 和 t+2 表示接下来的两个月，因此 b 是从 t 月开始的日历季度的回归系数。

表 1-1 总结了回归的结果，报告了每个回归量的系数，以及其下的 T 统计量。普通最小二乘回归中的高 DW(Durbin-Watson)检验统计表明存在负序列相关，因此重新估计了方程，而这第二次回归报告了序列相关系数 Rho。正如从图 1-3、图 1-4 的图示可以预期到的那样，卦气图和《易经》两个卦序的回归系数相差很大，但在其他方面基本上是无法解释的。然而，在两种情况(表明我们的模型和实际的两个卦序特征之间很好的契合)中都较高的、经过调整的 R^2 是非常显著的，尤其是考虑到总结特征中非常不同的模式时，这些高的、调整过的 R^2 反映在连续的六进制总和的实际采样值与回归方程预测的总和的预计值之间的紧密契合上。这些预测(来自表 1-1 中的 ARI 方程)是根据它们在图 1-6、图 1-7 中的实际值进行预测的。用以检验系数与零无法共同区分这种假设的 F 统计量非常大，我们可以合理地拒绝季节性代理与季节性因素无关的假设，其水平远低于 1%。这是我们检验的关键所在：我们无法拒绝这种假设，图 1-3、图 1-4 中的卦气图

_____

① 作为季节性循环信息的代表，仅使用平均温度和湿度的办法，比与日历有关的其他两个明显且容易获得的衡量尺度即日照和降水的办法，在统计上的问题少得多。日照与降水(降水则不出太阳)和温度是共线的，因此日照将偏向回归标准误差，且无法解释系数。湿度虽然是一个非常平滑的系列，但是明显与降水共线。我们选择湿度而不是降水，因为降水系列非常不稳定，并且月平均值之间的实质变化(例如，夏季月份的降水平均值为 57.6mm、105.9mm 和 80.1mm)可能包含很少在代表任何感兴趣的东西时有用的信息(即每月降水平均值中的信噪比可能非常低)。平均夏季降雨模式的峰值可能对平均农业生产影响不大，也不包含任何有关一般季节性条件的有用信息。此外，我们不假设对卦实际上被安排的信息集进行测量，该工作是寻找系列中的季节性因素的一个严格的检验。

和《易经》的卦序与带有季节性信息的线性组合相关。此外，检验是使用完全相同的回归量进行的，这表明用于序列两组卦的季节性信息本身是相似的。

表 1-1　卦系列的季节性测试

	卦气		易经	
	OLS	ARI	OLS	ARI
常量	91.85*	115.44**	14.28	19.37*
	3.14	6.96	1.43	4.28
温度$_t$	−1.51#	−0.72	−0.93*	−1.29**
	−2.19	−1.52	−3.91	−11.15
温度$_{t+1}$	1.64	0.56	2.17**	2.87**
	1.25	0.65	4.83	13.09
温度$_{t+2}$	−1.78	−1.32#	−1.32**	−1.73**
	−2.11	−2.55	−4.57	−12.56
湿度$_t$	−0.34	−0.58*	−0.31*	−0.90
	−1.74	−4.14	−3.91	−2.05
湿度$_{t+1}$	−0.02	−0.09	0.18*	0.18*
	−0.01	−0.78	3.06	5.78
湿度$_{t+2}$	−0.45	−0.68*	−0.32*	−0.36*
	−1.92	−4.38	−3.91	−9.00
DW	2.72	−	2.38	−
Rho	−	−0.90*	−	−0.72*
	−	−4.55	−	−3.64
R^2	0.9849	0.9955	0.9582	0.9935
$R(bar)^2$	0.9667	0.9850	0.9081	0.9782
F	99.39**	643.56**	24.03**	271.53**

注：#在 10% 的水平上显著；*在 5% 的水平上显著；**在 1% 的水平上显著系数用下面的 T-statistics 报告。

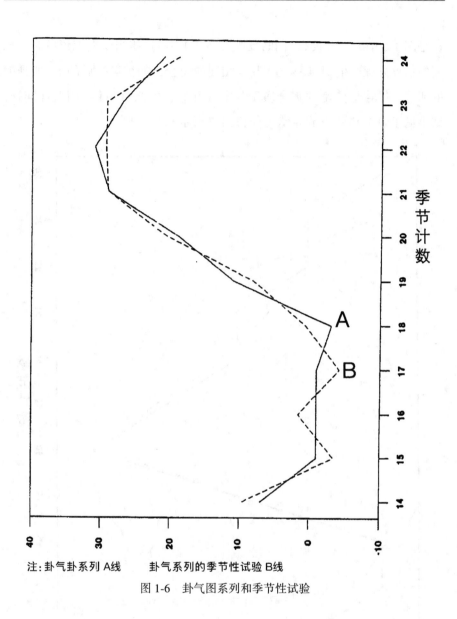

注: 卦气卦系列 A线　　卦气系列的季节性试验 B线

图 1-6　卦气图系列和季节性试验

　　一旦我们采用的卦序的特征被看到,卦气系列与季节性因素紧密相关就不足为奇了。这种特征的正弦波图式,与任何表征年度的波形一样,应该与季节性数据紧密相关,这也不例外。当在整个日历年中选择一个起点进行重复检验时,最接近的契合从二月开始、以春分时节为中心的测试。

这是图 1-6 中的契合投影(同时反映在表 1-1 中)。相当令人惊讶的是，相同的估算方程产生了与《易经》基本相同的契合，如被调整后的 R^2 所证明的那样，尽管最紧密的契合属于从七月开始、以八月中旬为中心(同样，结果见于表 1-1)的季节性模式(如图 1-7 所示)。

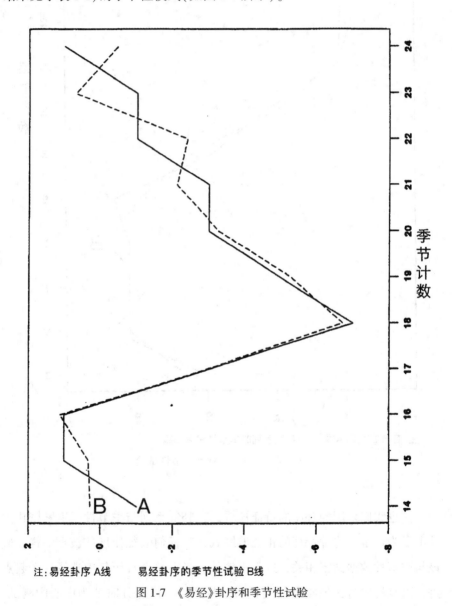

注:易经卦序 A 线　　易经卦序的季节性试验 B 线

图 1-7　《易经》卦序和季节性试验

如果我们把《易经》的第一个卦乾(☰)与其在消息周期中作为夏至卦的配位等同起来，且接受卦气系列从冬至开始，那么在我们的检验中提供最接近的契合的季节模式起点大概与文本本身建议的起点相距两三个月。这进一步支持了我们的假设，因为我们的模型的最佳契合是在与相应文本合理一致的点开始时获得的。我们的结果的进一步含义将在下一节中讨论。卦气图和《易经》卦序的特征看起来并不相似，但是相同的季节性因素产生了一个估计方程，该方程解释了卦气特征和《易经》特征中的所有变量，例外不超过3%，且很容易归因于与气候数据有限的问题相关的噪音。此外，当季节性模式开始于日历年中由每个文本建议作为其自身起点的邻近地点时，该证据在统计上最强。很明显，两组卦的排序所依赖的一些季节性因素的证据是非常强烈的。

三、《易经》和卦气系列季节模式的意义

汉代的《易经》材料很少完好无损地传下来。《易经》卦序第一次出现不是在经典版本中，而是在一篇由孟喜的弟子焦延寿(公元前86—前33年)所写的名为《易林》的占卜书中，这本书提供了4096首押韵的诗歌，六十四卦，每卦各六十四首，并按照《易经》的顺序出现。原始六十四卦为首，其后按照《易经》卦序依次附加其他六十三卦。该书开头的一个解释表明，占卜过程中对卦的选择是根据卦气系统的卦序完成的。在使用《易林》进行预言时，人们通过某种占卜过程选择了一个卦，并从隶属于控制当前6.0875天的卦(或管理当前季节的卦)的一组经文中读出所选卦的诗歌。如果占卜的日子是至日或分日，就阅读与那个季节的值卦相关的诗。

对于谁创作了《易经》卦序的问题，传统的讨论往往将其与中国早期的准神话帝王关联起来。《说卦》传云："昔者圣人之作易也。"大多数儒者顺着最早见于司马迁《史记·周本纪》的记录，接受了周王朝的第一个王——文王(公元前11世纪)是"益易之八卦为六十四卦"的圣人。如《周易正义》这部得到唐代(公元618—905年)官方认可的《易经》文献所载，文王也作

了每个卦的卦辞，这一说法也普遍为人所信。由此假设《易经》卦序(图 1-2)也来自文王。人们相信，文王的儿子——周公——完成了每爻的"爻辞"。而孔子写下了现在附于卦爻辞或《易经》之后被称为"十翼"的解说。①然而，没有历史文献足以支持这种说法。

发现于湖南长沙马王堆的一个公元前 168 年的汉墓中的帛书《易》手稿，是现存最早的完整文本，虽然卦辞和爻辞与今传本基本相同，但是它的卦序与今传《易经》文本无关(图 1-8)。该卦序是以八经卦自相重而成的

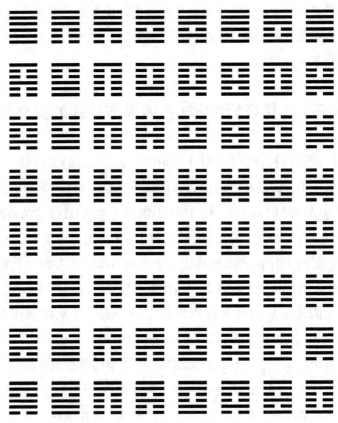

图 1-8　马王堆帛书《易经》卦序

---

① 皮锡瑞. 经学通论[M]. 台北："商务印书馆"，1969：6-11.

六画卦为首的卦族，是一个机械的安排。从与马王堆汉墓大致同时的安徽阜阳墓葬中发掘出了一些竹简文本，这些竹简据说已不能修复，其中有大约 700 个来自 144 段不同的卦辞和爻辞的可识读字符。据报告说："这两本的措辞与今传本一致，只有相对较小的读音通假的差异。"①

文本证据表明，马王堆手稿的卦序很可能对之前存在的、具有今传本特征的卦序进行了重组。② 最有据可查的是，马王堆文本缺乏六画卦的配对，这是《易经》秩序最突出的特征。在《易经》卦序中，除了倒置无别的八个卦与它们的相错卦配对（如第一个卦乾☰和第二个卦坤☷）之外，其余所有卦都与其倒置的卦形配对（例如第三个卦屯☳与第四个卦蒙☶）。今传本《易经》的措辞表明，反转配对在选择卦爻辞时是被注意到了的。例如，第四十二卦益（☴）的第二爻与其反转的第四十一卦损（☶）的第五爻共享了"或益之，十朋之龟，弗克违"的措辞。尽管马王堆帛书的文字相同，但根据手抄本的独特卦序，有两个卦的位置与在今本《易经》卦序中的位置不同。这强烈暗示着马王堆帛书卦序是对《易经》中根据配对概念构想的卦序的另一种排列。

即使马王堆文本的祖本使用了配对卦，它们也不一定就是按照与《易经》相同的顺序排列的。相反，马王堆文本的存在证实了一种传统的信仰，即在汉初可能存在着多种卦序，其中的一种最终被经典化为今本《易经》。至少是汉初作品的《周礼》说大卜"掌三易之法，一曰《连山》，二曰《归藏》，三曰《周易》"。在这个语境中被提及的《周易》可以说是对《易经》的最早称名，而且至少从唐朝的《周易正义》开始，《周易》就被用于指称文王所创立的周王朝之易。③ 传说《连山》的卦序以《易经》的第五十二卦艮（☶）为始，《归藏》以《易经》的第二个卦坤（☷）为首。

---

① Edward L. Shaughnessy. I Ching: The Classic of Changes [M]. New York: Ballantine Books, 1996: 16; Edward L. Shaughnessy. A First Reading of the Shanghai Museum Zhou Yi Manuscript[J]. Early China, 2005(30): 5.

② Edward L. Shaughnessy. I Ching: The Classic of Changes [M]. New York: Ballantine Books, 1996: 18.

③ 皮锡瑞总结了所谓的三易的思想史。皮锡瑞. 经学通论[M]. 台北："商务印书馆"，1969: 6-8.

有趣的是，现存最早的关于《周易》这部经典的书名中所用"周"字的解释，是东汉学者郑玄（公元 127—200 年）的"易道周普，无所不备"①，正如这条引文所述，除了指周代之外，"周"这个字也意为"周长"，例如在"周年"这个复合词中意指一个完整的、循环往复的年份。鉴于《易经》卦序模拟了年度循环的巨大可能性，《周易》之名也可能是用以捕捉其结构中的这一属性的。即便这种可能是真的，使用六画卦占卜的不同学派也很可能保留了他们的师传系统，直到其中一个系统最终胜出，被选为官学经典。在这一点上，无法解释为什么《周易》最终变成了卓越作品而被划为经典，然而，如果它的卦被序列为一种时间的类比，那么就可能强化了六画卦应被理解为年度时间进程中的时刻的观点，这因而也以图示化的方式加强了《象》和《系辞》传的论证。孟喜的学派在卦气系统中提供了六画卦和年度循环中的时间之间合理的联系。《易经》很可能是根据卦气图的前提而构建的，但不同的是，它同时也保留了上面提到的配对规则。

然而，将卦配对的愿望意味着卦气系列中出现的消息模式将不得不在《易经》中被抛弃。夏至的消息卦乾（☰）出现在《易经》卦序的第一位，跟冬至的消息卦坤（☷）成对并列。其余十个消息卦以反卦配对方式遍布于《易经》卦序列中，而不在卦气图系列的关系中，尽管在图 1-2（特别是在第一行和第三行）的季度演示中出现了一些对称性。我们的检验结果表明，尽管《易经》具有独特的排序优先权，但消息卦的季节性含义可能并未完全被摒弃。上面已经指出，当《易经》卦序最好在七月开始时，就会出现与气候数据最紧密契合的情况。

由于在主要解说材料中已包含了给予"纯阳"和"纯阴"卦以优先性的充分的哲学理由，我们可能会假设将乾和坤放在第一位是《易经》作者不可避免的优先考虑。正如我们所看到的，这两个卦被用来代表宇宙祖先的天与地、父与母。然而，在消息卦的意义上，如果该卦序列如上所论与七月开始的气候数据有关，那么夏至的乾卦几乎就在它应该所属的地方。这种

---

① 转引自皮锡瑞. 经学通论[M]. 台北："商务印书馆"，1969：6.

《易经》和卦气图的相似性似乎可以通过第二十四卦复(䷖)在《易经》卦序中的位置得到证实，该卦在卦气系统中标志着冬至后阳气的重新出现，而在《易经》中则出现在平衡总和(如图 1-4 所示)所达到的最低点之处。

《易经》和卦气系列之间的另一个相似之处是夏至的卦发生在平衡总和最高值之前。一年中每天的相对日照时间被覆盖在卦气图和《易经》的图形特征之下，图 1-9 和图 1-10 显示了其理想化的描述。最长日照的时间和两个图形的峰值之间的滞后是明显的(夏至日与《易经》卦序开头的乾卦和卦气系列中的乾卦一致)。卦气系列季节类比的高峰期在秋季。我们下半年处于高点的代理中只有一个湿度；但卦气图作者也有可能采取其他衡量尺度——也许衡量作物生产力——作为关键的选择因素。例如，宫廷占卜师可以很容易地获得以农产品实物支付的税收记录，并可能根据这些数据进行计算。

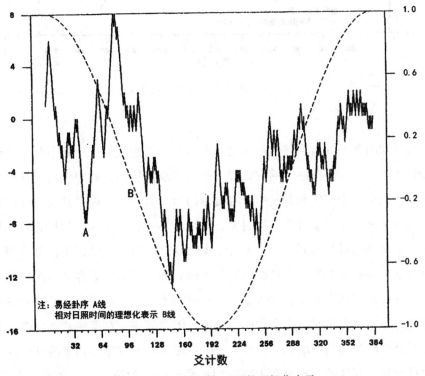

图 1-9　卦气图系列与日照的理想化表示

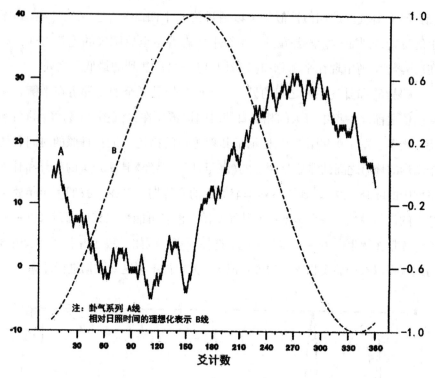

注：卦气系列 A线
相对日照时间的理想化表示 B线

图 1-10 《易经》卦序与日照的理想化表示

　　历法时刻与其有形气候效应之间滞后的概念也被以二十四节气——大约每十五天一个节气——的方式置入中国传统年历中，其中包括至日和分日在内的十二个节气与卦气图中所安排的消息卦有关，许多其他节气的名字就以某种方式标志着季节的到来。例如，节气术语"白露"即标志着九月第一次可能落露的时间，三十天后出现"寒露"。在所有情况下，分日和至日之前，都有如立春、立夏这样的节气作为预先提示。立春是春季的第一天，在春分前四十五天；立冬也在冬至前四十五天。这表明，虽然春季在春分、冬季在冬至时节完全展现，但是一年之气甚至在那些节气之前一个半月就已经开始渐渐增长，明显早于那些证明春天或冬天到来的可见的标志性现象。同样的，小暑和大暑分别在夏至之后的第十五天和第三十天，一年中白昼最长的一天并不总是最温暖的事实已经被认识到了。因此，

《易经》和卦气系列的作者可以采用类似的概念。

四、结论

无论采用何种选择原则，卦气安排中的卦似乎是根据组成卦的爻的累积总和来放置的，或是阳性而正面的，或是阴性而负面的。① 总体而言，该系列反映了一些基于对自然现象的观测的统计总结。《易经》具有简明而限制性的配对要求，似乎坚持了类似的结构策略。我们的检验表明，在两种情况下，类似的季节性信息集可能都构成了其策略的基础。如果我们假设排序的意图在于捕获这种季节性或时间性因素，那么我们已经证明了《易经》卦序与卦气安排做了同样的工作(在相关评估中具有功能相同的调整后的 R^2)，尽管卦气系列在每个六画卦的位置上受到的限制较少。

附记：本文是与 Thomas J. Cunningham 合作的，他毕业于哥伦比亚大学，拥有经济学博士学位，当时是美国亚特兰大联邦储备银行的经济学家。此外，本文的写作亦需感谢华盛顿大学的地理学家张桂生先生。本文曾公开发表，② 一些引文和脚注，在本次中文译本中已更新。

自这篇论文发表以来的三十年里，我多次回到卦气图序列，并且仍然

---

① 虞翻(公元 164—233 年)对根据阴阳爻的不同赞辞来分组的六画卦予以图形化的描述，使这个主题为人所知(参阅《易学象数论》卷二中的"古卦变图"，黄宗羲. 易学象数论[M]. 台北：广文书局，1974：15a-16b. 本书引用古代刻本书时经常用 15a、16b 等页码标注格式，其中的数字是中缝页码，a 指右边页，b 指左边页，下同)，但没有确定这种安排的实际应用，笔者讨论过后来的解释者对虞翻图示的运用。参阅 Larry J. Schulz. Lai Chih-te (1525—1604) and the Phenomenology of the Classic of Change (I-Ching)[D]. Ph. D. Dissertation, Princeton University, 1982：213-219. 如果有必要在几个可能的六画卦之间选择能切合卦气或《易经》系列中那种平衡总计特征的替代卦，那么这种性质的描述可能已经成为一份工作文件。

② Larry J. Schulz, Thomas J. Cunningham. The Seasonal Structure Underlying the Arrangement of Hexagrams in the Yijing[J]. Journal of Chinese Philosophy, 1990, 17(3)：289-313.

没有找到比本文中的阴阳爻计数途径更好的解释其序列的方式。① 但是，我还没有找到一个一致的理由来解释为什么这个安排的作者将任何特定的六画卦放在特定的位置。譬如五个阴爻的谦(☷)卦恰好放置在应偏向阴爻多的冬季，同时也有五个阴爻的比(☷)卦却接近阳爻宜较多的夏至位置。也没有办法说明不能交换这两个卦或任何其他有五个阴爻卦的原因。这些问题的答案不能在卦气图的内部逻辑中找到，或者可以由笔者在其他作品中讨论的《周易》卦序的放置规则来解释。

——舒来瑞记

---

① 中国学者用类似的方法来分析卦气图卦序，见李尚信. 卦序与解卦理路[M]. 成都：巴蜀书社，2008：139-152.

《易经》卦序中的结构性因素

　　《易经》使用六十四个带有二进制性质的数——六画卦——来分类信息，以服务于占卜的目的。这些数由六个短横线("刚爻" ▬▬▬)或二分线("柔爻" ▬ ▬)的不同组合来表示。《周易》六十四卦按以下顺序排列：

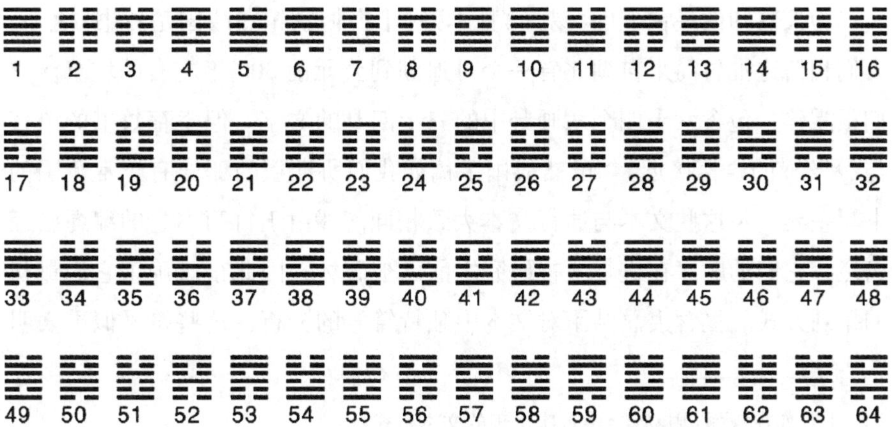

图 2-1

　　至少到汉末，《易经》卦序的作者及作者排序的意图一直是模糊不清的。历史上注解《易经》者大部分认为周文王是为六画卦排定序列的人，然而，其他理论也出现了。① 关于《周易》卦的排序，夏含夷指出，在被认作

---

① 　关于此事的各种理论，见王琼珊. 易学通论[M]. 台北：广文书局，1962：15-27.

标准的文本中,① 六画卦序列没有明显的逻辑,"除了因共有卦形而成对的分组(通过卦图的反转或通过将其阴阳爻对换……)"②。夏含夷指的是卦序列中反卦(又叫综卦)和对卦(又叫错卦)的配对。

然而,许多学者试图在卦序列中找出更深的逻辑模式,本文随后的讨论建基于来知德(公元 1525—1604 年)③的分析,这种分析导致了一种我称为"统一视角"的卦序视角。从这个视角来看,除了一致使用的反卦和对卦的配对之外,我还将提出卦序中的另外八个结构性因素。这十个属性共同突出了六十四卦之间的关系,与《易经》主要解说中的思想产生共鸣,这些解说通常归功于孔子(公元前 551—前 479 年)和相关儒家的观点。

一、历史背景

为人熟知的最古老的《易经》抄本是《上海博物馆藏战国楚竹书》之一,人们相信这批竹简来自湖北省一个可追溯到公元前 300 年左右的坟墓。它们很零碎,包含六十四个六画卦中的三十四卦的文字。但幸存竹书的语言与《易经》的语言接近:"虽然战国手稿如我们所期望的那样有正常范围的书写差异……这些文本与通行文本大致相同。"④由于竹简书卷的编绳已经腐烂,它们的顺序在进行考古研究之前已被破坏,因此很难确定它们最初的排列方式。夏含夷总结了对文本中独特符号的分析,这些符号似乎表明

---

① 如在王弼《周易注》中首次出现的文本格式。

② "except that hexagrams are grouped by pairs sharing a hexagram picture (either by inversion of the picture or by conversion of all its lines to their opposites)...." Edward L. Shaughnessy. I Ching: The Classic of Changes[M]. New York: Ballantine Books, 1996: 17.

③ 来氏的生平和思想,参见 Larry J. Schulz. Lai Chih-te (1525—1604) and the Phenomenology of the Classic of Change (I-Ching)[D]. Ph. D. Dissertation, Princeton University, 1982.

④ "Although there is the normal degree of orthographic variation that we have come to expect from Warring States manuscripts……the text is substantially the same as the received text." Edward L. Shaughnessy. A First Reading of the Shanghai Museum Zhou Yi Manuscript [J]. Early China, 2005(30): 5.

大多数六画卦是按照通行本进行分组的。他补充了自己对竹简上的断裂点的比较，这些断裂点支持它们在被损坏时是有序排列的，他得出的结论是"上海博物馆的《周易》手稿可能或多或少与通行本顺序相同"①。

第一个几乎完整的《易经》文本来自公元前 168 年下葬的长沙马王堆汉墓。与通行本相比，它的卦爻辞有些不同，这在很大程度上可以通过通假字来解释，而六十四卦中的三十三卦的卦名有显著差异。然而，它对六十四个六画卦的呈现顺序与现在所知道的《易经》完全不同。在马王堆手稿中，根据每卦上面的三爻所构成的三画卦，所有六画卦被分为八个层级。②

虽然马王堆手稿以这种独特的方式呈现了六画卦，但是夏含夷注意到，马王堆手稿中的《二三子问》和《易之义》两篇"传"中提到了许多六画卦，这些卦的序列合于"通行本，而不是马王堆手稿"③，虽然与通行本卦序不同，但这两篇传的作者很可能知道《周易》卦序列或其部分。然而，马王堆手稿根据三画卦排序的机械性质表明，它仅仅是通过操纵卦爻图形，而不是参考《易经》本身的文本而产生的。④

马王堆卦序是汉朝早期流行的几种卦序安排之一。至少还有两个其他占卜系统的记录——《归藏》和《连山》——也是基于六十四卦范围的。与《周易》一起，这"三易"见于《周礼》，由太卜所掌。⑤ 其他两个出现的特点之一是组织六画卦的不同方式。据说《归藏》开始于坤卦，《周易》的第二个

---

① Edward L. Shaughnessy. A First Reading of the Shanghai Museum Zhou Yi Manuscript[J]. Early China, 2005(30)：6-20.

② Edward L. Shaughnessy. I Ching：The Classic of Changes [M]. New York：Ballantine Books, 1996：16-17, 28-29.

③ "generally that of the received text, rather than that of the [Mawangdui] manuscript." Edward L. Shaughnessy. I Ching：The Classic of Changes[M]. New York：Ballantine Books, 1996：20, 23.

④ 例如，第四十二卦益，在《易之义》中按顺序被提及。第五十二卦艮和第十九卦临，同样错位。Edward L. Shaughnessy. I Ching：The Classic of Changes [M]. New York：Ballantine Books, 1996：214-217.

⑤ 郑玄. 周礼注[M]. 台北：新兴书局, 1972：130.

六画卦，又据说《连山》包括《周易》的五十二个卦，开始于艮卦。① 《归藏》和《连山》的片段也有卦爻辞，与《周易》的有所不同。②

另一个来自汉代的六画卦序列是与京房(公元前 80 年过世)相关的"八宫"卦图。在八宫图中，八个三画卦自身相重而成的六画卦各占一宫的首位，与其下七卦构成一宫，下七卦依次由首卦的初爻到五爻经历连续的变化，然后经历包含每组中最后两个六画卦的逆转而成。③ 唐代李鼎祚编辑的《周易集解》中保留了部分京房的《周易》解说，但没有迹象表明京房根据八宫图安排了他的《易经》。《周易集解》的卦序与通行本相同。

完整的《周易》卦序列首次见于公元前 1 世纪署为焦延寿所作的《易林》。《易林》用于占卜，参考了所谓的《卦气图》，就是一个使用十二个所谓的"消息卦"作为其底层框架的序列。④ 此外，《卦气图》至少部分地参考了剩余卦的卦体与两种爻的数量来安排。⑤ 然而，《易林》中的卦爻辞虽然几乎完全不同于《周易》，但却是根据见于《周易》的相同序列列出的。实际上，《易林》中的每个六画卦都引述了其他六十三个六画卦组本卦的一卷，在每一例中，这些卦都是以《周易》卦序排列的。

最早的《周易》完整文本，包含依据通行卦序排列的卦和爻辞，儒家解说——所谓的"十翼"——穿插在其中，并保留了王弼(公元 226—249 年)

---

① 皮锡瑞. 经学通论[M]. 台北："商务印书馆"，1969：7.

② 马国翰的《玉函山房辑佚书》(1853 年)第一至四十一卷收集了现存的《归藏》和《连山》佚文及其他相关资料。最近的 1993 年，在湖北省王家台的墓室文物中发现了一条竹简《归藏》。参见 Edward L. Shaughnessy：Rewriting Early Chinese Texts[M]. Albany：University of New York Press，2006：156.

③ 见黄宗羲. 易学象数论[M]. 台北：广文书局，1974：65. 本书《N 画卦理论》所附图 8-12 是八宫安排的例证。

④ 王琼珊讨论了《卦气图》作者身份的理论。王琼珊. 易学通论[M]. 台北：广文书局，1962：33. 下文的讨论结构元素 7 时显示了消息卦。

⑤ Larry J. Schulz, Thomas J. Cunningham. The Seasonal Structure Underlying the Arrangement of Hexagrams in the Yijing[J]. Journal of Chinese Philosophy, 1990, 17(3)：289-291.

的注释文字。① 王弼认为，将卦爻画与它们的词语相联系的理解很多"一失其原"②。因此他专注于参考十翼来阐明卦和爻辞的含义。他没有留下任何论述卦序本身的意见。从唐朝到 20 世纪初，王弼的《周易注》一直被用为科举考试的经典。

在那段时间内，《周易》作为五经之首的地位引起了大量相关的学术研究和讨论。从唐朝开始，大部分学术都遵循王弼的倾向，试图解释该书措辞的含义。然而，也有一些学者一直在努力重新发现卦辞和线性六画卦之间的"迷失"联系。这种努力的副产品是创造了关于六十四个六画卦的关系的新理论和用以说明这些新理论的新的卦序安排。其中，特别重要的是邵雍（公元 1011—1077 年）从《周易》之外引入的几张图，后来为朱熹（公元 1130—1200 年）所支持。③ 这些文本在明代进入了由王朝赞助的含正统观念的《周易大全》中。④

二、来知德的观察

经过 40 年的努力，来知德在对《周易大全》的研究中，突破了那些无关的层面，提出了一个视角，可以从卦的排列顺序自身提取卦序的组织特征。⑤

---

① 《周易集解》中有早于王弼的材料。然而，该选集中也引用了王弼的话，而《四库全书总目》的编辑认为李鼎祚作《周易集解》时，"其书仍回用王弼本"。参见永瑢，等. 四库全书总目[M]. 北京：中华书局，1965：3-4.

② 王弼《周易略例》的《明象》章。王弼、韩康伯. 周易注（汉魏古注十三经本）[M]. 北京：中华书局，1998：70-71.

③ 例如邵雍的《伏羲六十四卦次序》，和朱熹自己编辑的《卦变图》一起，收录在朱熹《周易本义》的"前言"中。参见朱熹. 周易本义. 朱子全书（壹）[M]. 上海古籍出版社、安徽教育出版社，2002：20-29. 朱熹的《周易本义》以及程颐的《易传》成为宋代以后最有影响力的《周易》作品。胡渭讨论了这些图表的来源。参见胡渭. 易图明辨[M]. 台北：广文书局，1971. 第七卷和第九卷。

④ 《周易大全》由胡广主持编辑，并于 1415 年出版，该书包括程颐、朱熹以及其他学者的材料。

⑤ 笔者曾论及这一内容。Larry J. Schulz. Structural Motifs in the Arrangement of the 64 Gua in the Zhouyi[J]. Journal of Chinese Philosophy，1990，17(3)：345-358.

来氏思考的基础是六十四个六画卦所采取的反卦或对卦的配对。对于来氏而言，最重要的是，就像传统卦序中的第三个和第四个六画卦一样，五十八个六画卦，若爻线构成是相互反转的，就放在相邻的位置。这样的六画卦就是反卦，如图2-2。

图 2-2

这种关系见于除了第 1 与 2、27 与 28、29 与 30、61 与 62 等八个卦之外的五十六卦，来知德称这种关系为"综"。同时，他还看到卦形反转的一对卦就像编织布的两面。① 剩下的八个六画卦，没有反转卦：无论是从上到下，还是从下到上，它们都是相同的。在六十四卦序列中，这八个中的每一个，都与在爻画组成上与其自身全反的卦配对，这就是所谓对卦，来知德称这种关系为"错"，它们的前两个如图2-3。

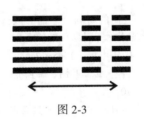

图 2-3

"十翼"倒数第二篇《序卦》将卦序列视为以乾坤这两个处于卦序列前两

---

① 这种观点来自《系辞上》传之"参伍以变，错综其数，通其变，遂成天下之文"。来氏在"自序"中认为"错"代表对卦的关系。参见来知德. 周易集注[M]. 台北："商务印书馆"，1973.

位的六画卦的变化所形成的动态系列，这个系列模拟了天地与由之而生的万物的关系，其言云："有天地，然后万物生焉。盈天地之间者唯万物，故受之以《屯》。《屯》者，盈也。屯者，物之始生也。物生必蒙，故受之以《蒙》。"每个后续的六画卦都被视为前一卦"进化"的状态或条件。《序卦》又将六十四卦的顺序视为两个以相关意义相互平行的子系列。第二个子系列从第三十一个和第三十二个六画卦(咸和恒)开始，其义据说从男人和女人以及他们结合为夫妻的社会关系发展而来。

《序卦》两个子系列的区分，也反映在王弼的文本及其后的版本对经典本身的表述中。前面的三十个六画卦被称为"上经"，从第三十一个到第六十四个六画卦被称为"下经"，如图2-4。

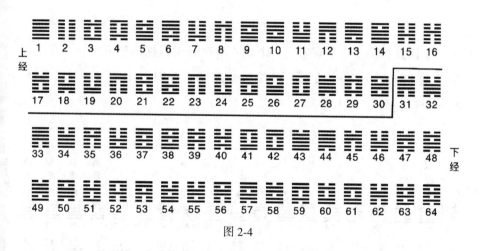

图 2-4

上、下经中六画卦的不均匀分布是来知德的出发点。他说，因为配对反卦的两卦都具有相同的爻画配置，它们仅在相互呈现中可见。这些配对反卦意味着被单纯视为爻画集合。①

来知德认为，如果把成对的反卦作为单独的单位，把没有倒置卦形的

---

① 来知德的卦序理论在《上下篇义》，参见来知德. 周易集注[M]. 台北："商务印书馆"，1973. "卷首"。

对卦也作为一个单位，则上下经中的单位数就均匀了，上下经各有十八个单位，笔者称这种单位为"统一位"。来氏的概念可以用图 2-5 表示。每个统一位(缩写为"S")上面的数字表示统一位序号，而下面的数字表示六十四卦中的卦序号(缩写为"H")。

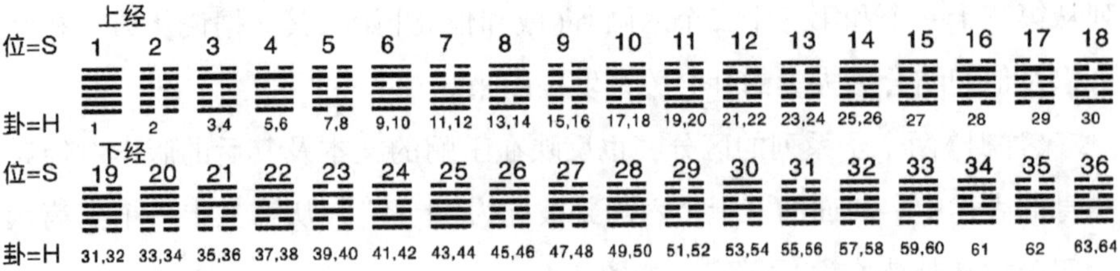

位=S
上经
1 2 3 4 5 6 7 8 9 10 11 12 13 14 15 16 17 18

卦=H
1 2 3,4 5,6 7,8 9,10 11,12 13,14 15,16 17,18 19,20 21,22 23,24 25,26 27 28 29 30

位=S
下经
19 20 21 22 23 24 25 26 27 28 29 30 31 32 33 34 35 36

卦=H
31,32 33,34 35,36 37,38 39,40 41,42 43,44 45,46 47,48 49,50 51,52 53,54 55,56 57,58 59,60 61 62 63,64

图 2-5

来氏又提出了三个观察。一个是八个对卦所占据的显要位置，在上经的开始和上、下经的结尾。这些对卦在图 2-6 中表示为 S1、S2、S15、S16、S17、S18、S34、S35。

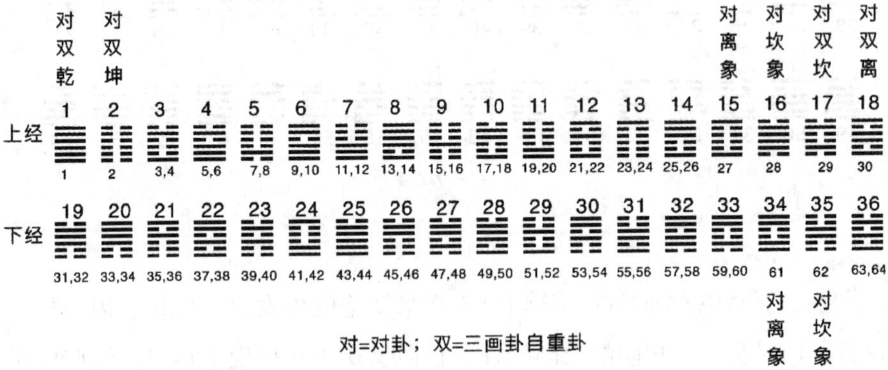

对双乾
对双坤
对离象
对坎象
对双坎
对双离

上经
1 2 3 4 5 6 7 8 9 10 11 12 13 14 15 16 17 18
1 2 3,4 5,6 7,8 9,10 11,12 13,14 15,16 17,18 19,20 21,22 23,24 25,26 27 28 29 30

下经
19 20 21 22 23 24 25 26 27 28 29 30 31 32 33 34 35 36
31,32 33,34 35,36 37,38 39,40 41,42 43,44 45,46 47,48 49,50 51,52 53,54 55,56 57,58 59,60 61 62 63,64

对离象
对坎象

对=对卦；双=三画卦自重卦

图 2-6

来知德和其他儒家认为八个三画卦是构成六画卦的原材料，他注意到刚刚提到的卦位置引用了四个"正"型三画卦(即三画对卦)。

图 2-7

从三十六个统一位来说，S1(☰)是三画乾卦上下自相重，S2(☷)是三画坤卦自相重，S17(☵)是三画坎卦自相重，S18(☲)是三画离卦自相重。根据来氏的说法，另外四个统一位是根据它们与三画坎卦和离卦的视觉相似性而放置的。就是说 S15 和 S34 都有三画离卦的外刚内柔之象。以类似的方式，S16 和 S35 有三画坎卦的象。

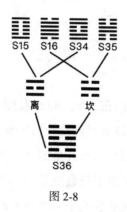

图 2-8

同时，最后一个统一位 S36 虽不是对卦统一位，但其结构是三画坎卦在上、三画离卦在下。如此，上、下经都在末尾处重复引用了三画坎卦和离卦。

来知德也对上、下经前面的十二个六画卦感兴趣。他认为这两个卦组是平行的，旨在突出 H11 与 H12、H41 与 H42。他认为这些对于上、下经区分的意义至关重要，在这两个卦组中，每组的前十个六画卦都包括三十个刚爻和三十个柔爻。对来氏而言，这种在上、下经共有的相同计数，正如《序卦》传所表达的，就不仅代表着阴阳的平衡，而且证明了《周易》的视觉结构是对自然和其中人之角色的模拟。H11 与 H12、H41 与 H42 这两个卦组，分别是上、下经的主卦，在上、下经中紧随它们之后的所有卦都是由那两组卦引发出来的。

仅 H11（泰䷊）和 H12（否䷋）是由三画乾卦和坤卦相重构成的。因此它们跟由两个三画乾卦相重而成的 H1 和由两个三画坤卦相重而成的 H2 关联在一起。H41 和 H42 由四个来氏看作支配下经意义的非正型卦，或三画反卦组成。

震　　　艮　　　巽　　　兑

图 2-9

H41（损䷨）是艮（☶）上、兑（☱）下；H42（益䷩）是巽（☴）上、震（☳）下。来知德注意到 H41 和 H42 与下经前两个六画卦 H31（咸䷞）和 H32（恒䷟）的爻画组成是相反的。这四个六画卦是四种三画反卦的四种可能组合。如此，对来氏而言，上、下经以平行数组开始，这种安排凸显出上经从三画对卦和下经从三画反卦所建立的八个六画卦中的六个。上经以六画坎、离卦结尾，下经以与三画坎卦和离卦外观相似或交叉相重而成的六画卦结尾。

最后，来知德指出，在上经中柔爻总数比刚爻多八个，在下经中则刚爻总数比柔爻多八个。根据《系辞下》"阳卦多阴，阴卦多阳"的原则，我们可以演绎出上经属阳、下经属阴的观点。在这些方面，来氏基于对卦序列中对卦和反卦配对的明确偏好，在《序卦》传的叙述性演示之外，观察到《周易》卦序中的一种理性结构。除了两种配对之外，他确定了该结构中的几个要素：1）阳爻和阴爻的计数；2）考虑三画卦在六画卦序列中的影响；

3）上、下经中位置之间的相似性。

然而，来知德止步于此，没有进一步发现卦序中的其他关系，也许这是因为他努力用自己的解释通解六十四卦。他关于上、下经前十卦中六十个阳爻和阴爻的理论，表明在他的思想中最重要的仍然是单位卦而不是统一位的卦。如果更进一步，将范围缩小到仅仅是来知德所建议的单位，即可以被称为"统一视角"的三十六个统一位，我们就可以将他的分析推展为对《周易》卦序更全面的分析。

三、统一视角

统一视角包括三十六个如图 2-10 所示的统一位卦组，以便从所有反转成对的卦组中凸显出那些在前的、或处于奇数位的卦。① 统一视角以这种方式呈现了反卦条件，并且如将看到的，促进了九个其他一致结构元素的可视化。通过放置成对反卦成员的选择，引起了对这些策略的注意。也就是说，每对卦有两种可能的统一位表示。

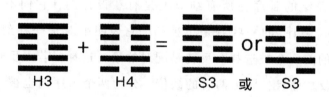

图 2-10

---

① 李尚信追溯了这种表示六画卦组的方法的历史："邵雍进一步研究了[孔颖达的]'非覆即变'的思想，他在其《皇极经世》一书中指出：'重卦之象，不易者八，反易者二十八，以三十六变而成六十四也'……其后，张行成在阐衍《皇极经世》一书时肯定了这一思想，并说：'《周易》上经三十，下经三十四，反复视之各十八卦，此三十六卦成六十四卦之理'……杨甲、毛邦翰则根据邵雍的观点，直接画出了今本卦序的三十六卦图，并名之曰'序卦图'……至朱元升始改为自右至左分两行排成横图，上一行为上经，下一行为下经，上下经正好相对。"李尚信. 卦序与解卦理路[M]. 成都：巴蜀书社，2008：8-9. 此注释为作者校阅中译本时所加。

如果使用处于奇数位的卦来表示某对反卦，那么决定如何在卦序中放置每对反卦的成员在每一例中就是个决定性的选择。在上面的例子中，两种可能中的第一个被选择，结果是在统一视角中第三个六画卦成为代表统一位 S3 的卦。如果这个成对反卦的成员或任何后继卦组的顺序发生逆转，就可能产生不同的统一视角。以下讨论的一些其他结构设置的图示，取决于如上例所示的二十八个决策，它们导致了每个统一位中卦的定向。

"十翼"最后的一篇，即《杂卦》，似乎通过提供替代顺序来引起对《周易》卦序中排序选择的注意。除了八个卦之外，所有卦的特征仍然是爻性相反和反转成对的。《杂卦》第一对还是 H1 和 H2，但第二对是 H8 和 H7，它们与统一位中的顺序相反。总之，在三十二个其他这类配对中，有十对以相反的顺序显示。最后八个卦单独出现，没有与其相反或反转的配对。《杂卦》没有像《序卦》传和王弼本那样划分上、下经两个子系列。

通过这种方式，《杂卦》可以做如下解读，它所呈现的卦序表明，《序卦》所总结的卦序在所有细节上是有意设计的，它们不见于《杂卦》。因为《杂卦》的一些卦是单独的，它表明配对是一种刻意选择，即卦组中的前一个被选择。反转是配对的第一选择，若无反转，就选择爻性相反。而且，因为两者的缺位，分为两个子序列也被认定为人工设计的结构。

四、《周易》卦序中的结构因素

来知德注意到卦序安排中有三个明显的编辑选择：

1）反卦的配对；
2）对卦的配对；
3）对卦作为卦序界限的重要定位作用。

这是前三个结构因素，卦序的作者无一例外地严格遵循这些选择，他决定了他所演示的六十四个六画卦的爻画图案之间的相互关系。在第三组选择中，S15 和 S16、S34 和 S35 这两组对卦不仅分别聚集在上经和下经的末尾，而且它们的位置都符合相同的顺序原则，即取决于它们是否具有离或坎的"形象"。这些是作者决定履行的组织卦序的"基本原理"，就像纸牌制造商在最初装箱的时候把它们放在一起并排序一样。

统一视角呈现出《周易》卦序排列中的七种其他结构要素。其中的两个，虽然没有像前三个那样被严格遵守，却被作者视为实质的"基本原理"。这两种类型在长长的卦序列中被一致地应用，并且如笔者将试图说明的那样，这两种要素的贯彻有时是会明显打破其他要素的。这两个是根据以下原理来排列位置：

4）阳与阴的奇偶相关；

5）基于统一位卦的爻数统计对比。

在这五个"公理"所预设的框架内，统一位还参照了其他五个结构因素来安排：

6）反卦统一位中的相错卦；

7）消息卦；

8）三画卦焦点；

9）之卦；

10）上下经的并行性。

这些结构因素反映了在"十翼"中或显或隐的观念。"之卦"关系似乎源于《左传》这部据信是儒家所作的《春秋》传，其中有用《周易》占卜的实例。① 上面已经参考了来知德的分析讨论了第一到第三因素，下面再逐一讨论其余七个因素。

---

① "左传所记注占，盖犹太卜之遗法。"永瑢，等. 四库全书总目[M]. 北京：中华书局，1965：1.

1. 第四因素：阳与阴的奇偶相关

《系辞下》曰："阳卦多阴，阴卦多阳，其故何也？阳卦奇，阴卦耦。"这里的阳卦、阴卦，都可通三画卦和六画卦而言。同样，在统一位中，柔爻多于刚爻的卦为阳为奇，刚爻多于柔爻的卦为阴为偶。

事实上，在统一视角中，属阳的反卦或对卦的统一位，恰好都在奇数位上，属阴的反卦或对卦的统一位，恰好都在偶数位上。三刚三柔的净 0，是均衡的，似乎根据某一总的规则被用于奇数或偶数位，如下所述。如图 2-11 所示，阳统一位表示为"＋"，阴统一位为"－"，三刚三柔的中性统一位为"0"。S1 全刚，被视为阳；S2 全柔，即阴。这个规则有两个例外，S25 和 S26，它们将在讨论其他因素时得到体现。①

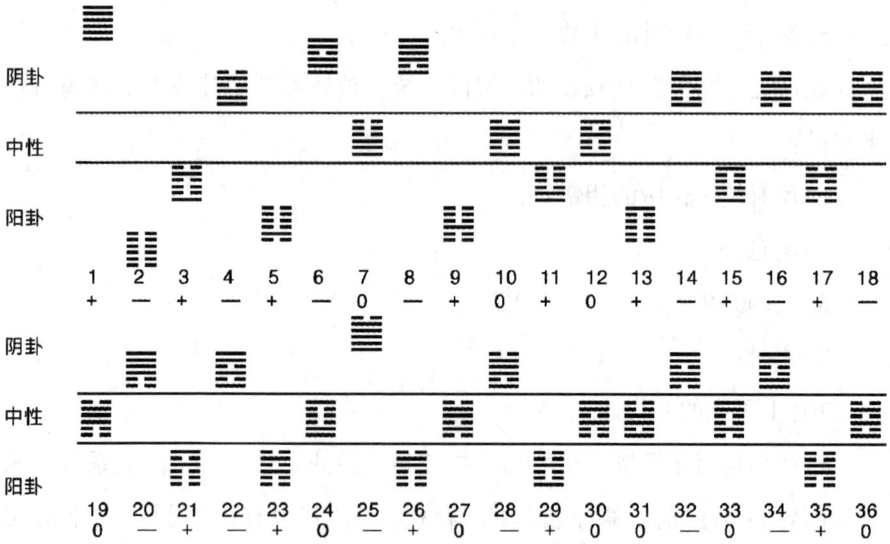

图 2-11

① 朱元升在讨论占卜的数学时也注意到了这种异常现象。参见李尚信. 卦序与解卦理路[M]. 成都：巴蜀书社，2008：22.

2. 第五因素：基于统一位卦的爻数统计对比

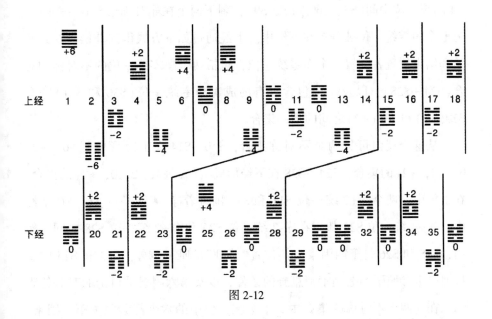

图 2-12

　　来知德的直觉之一是上、下经开头的刚柔爻的相对计数是值得注意的。然而，当刚爻计为+1，柔爻计为-1，且考虑统一位的净值时，根据抵消净值的配对模式便出现在整个序列中：① 可能的净总数为+6（仅限S1）、-6（仅限S2）、+4（3个统一位）、-4（3个统一位）、-2（9个统一位）、+2（9个统一位）、0（10个统一位）。在统一视角中，每个净+统一位立即与净-统一位配对，但有三组除外，它们包括S11(-2)、S13(-4)和S14(+2)，S25(+4)、S26(-2)和S28(+2)，以及S29(-2)和S32(+2)。配对策

---

　　① 汪琬(公元1624—1691年)曾注意这种净爻计数规则。他使用与笔者类似的统一视角方式，指出在多数相邻的反卦统一位卦的阴爻总数为六，阳爻总数也是六。例如，"屯蒙二阳四阴与需讼二阴四阳对合六阳六阴。"他还将这种方法应用于不相邻的统一位，比如临、观与大畜、无妄，萃、升与革、鼎等。参见杨方达．易学图说会通．续修四库全书(第21册)[M]．上海：上海古籍出版社，2002：426.

略在上经中被明显地突出，十八个统一位中的十二个按照这个规则并列成对。这是通过在上经中仅使用三个净零统一位来实现的：一个在四个+4 和 -4 的统一位中间（S5、S6 和 S8、S9），剩下两个在非对称组 S10—S14 中。另七个净零统一位被分布在下经中。下经通过如下方式得到补偿，在其开始和结束位置各配置一个净零统一位，包括两个净零统一位的不对称的集合（S24—S28），以及一个包含仅有的成对净零统一位（S30 和 S31）的在 S29（-2）和 S32（+2）之间的唯一集合。

从这个视角可见两个不对称集合，S10—S14 在上经形成了{0，-2，0，-4，+2}的集合，S24—S28 在下经形成了{0，+4，-2，0，+2}的集合。在上经中，两个净+2 统一位 S11 和 S14 围绕着净+4 统一位 S13。在下经中，净+4 统一位 S25 却不在净-2 统一位 S26 和净+2 统一位 S28 之间。然而，S25 和 S26 是第四因素奇偶位置"公理"的唯一例外。S13 和 S25 的安排似乎也参照了第七因素消息卦的条件，以及第六因素中讨论的对卦的影响。在这两个不对称的集合中，十个统一位中的六个都参照了第六因素。因而，把 S11—S14 和 S25—S28 视为类似结构是合理的。①

至于 S29 和 S32，它们似乎从净交计数方面来说是被两个净 0 统一位分开的配对，与之相似的是 S11 和 S13，它们被一个净 0 统一位分开。S11 和 S13，与 S29 和 S32 分跨上、下经，又彼此相关（可参考第七因素消息卦）。

3. 第六因素：反卦统一位中的相错卦、上下经的平行结构

正如来知德所指出的，八个对卦都与爻性相错的卦配对，换一种说法，那八个卦是以刻意的方式定位在卦序中的。然而，在大多数情况下，

---

① 李尚信先生也把 S11—S14 和 S25—S28 确定为卦序的"特区"。李尚信. 卦序与解卦理路[M]. 成都：巴蜀书社，2008：26. 这个类似的独立发现的例子说明了统一视角在揭示《周易》卦序的模糊特征方面的力量。

二十八个反卦统一位的安排似乎也参照了它们的爻性。① S5—S9(图 2-14)
是一套五个统一位的集合,包括六个由五个刚爻或五个柔爻的卦中的四
个。在统一视角中,S6 和 S9 并非相错卦,但它们的反转卦形,如 S9:
H16 与 S6:H9 则是相错的(图 2-13)。

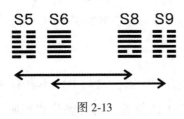

图 2-13

这四个卦被安排在 S7 周围,S7 是四个自相错统一位之一,S7:H11
(☷)和 S7:H12(☰)既是相综关系,也是相错关系,都可表示为统一
位 S7。②

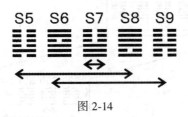

图 2-14

在下经中,自相错统一位 S30(H53 渐☶与 H54 归妹☳)在另一组五个
统一位 S29—S33(图 2-15)的集合中扮演着与 S7 相同的角色。这组的其他

---

① 王肇宗提出了类似的案例。王肇宗. 周易图[M]. 道光九年光华斋刻本,
1829.
② 其他学者也讨论了这套卦的特性。王肇宗. 周易图[M]. 道光九年光华斋刻
本, 1829:12b-13a;李尚信. 卦序与解卦理路[M]. 成都:巴蜀书社, 2008:38.

成员也是相错关系（S29 与 S32、S31 与 S33）。

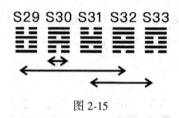

图 2-15

因为 S30 不在该集合的中点，S29—S33 不具有 S5—S9 那样的对称性。但是，若交换 S30 和 S31 的位置，则奇偶位置规则将被打破。尽管如此，在上、下经中的两组卦各自排成一行，好像可以相互镜像，通过这种方式，它们被视为平行图案的意图得到了强调。这两组分别占据着朝向各自序列中央统一位——上经的 S10 和下经的 S28——的位置。

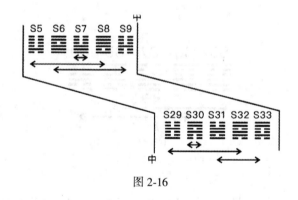

图 2-16

相同类型的镜像，如上文讨论第五因素净爻计数时所示，也见于上经的 S10—S14 和下经的 S24—S28 这两个序列中。这两套五个统一位的集合也分别面向 S10 和 S28。不过，在此例中，S10 处在上经 S10—S14 序列之首，S28 处在下经 S24—S28 序列之尾。此外，在这十个统一位中，六个有相错关系，S13 和 S25 是统一视角中仅有的一对直接跨上下经相错的反卦统一位，S12 与 S27、S14 与 S26 则需反转其中一卦后才能视为相错关系。

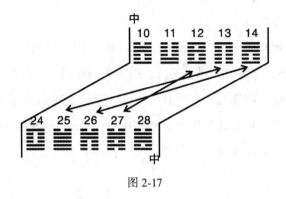

图 2-17

当把上、下经的反卦统一位中的相错组和净爻计数组放到一起显示时，它们分别占据了十个连续的统一位，这些统一位分别临近两个子序列末尾的对卦统一位。因为下经对卦的数量较少，一个卦向右移动是必要的。

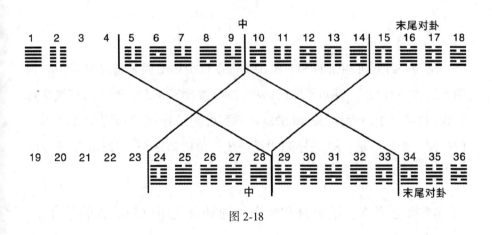

图 2-18

总的来说，这二十个统一位中的相错卦配对说明了卦序中二十对属于反卦的相错卦中的九对，以及四个自相错统一位中的两个的原因。S36 是自相错的，另一个自相错的统一位是处于上经中位的 S10。这样，包括熟练地把 S7 和 S30 用为反卦统一位中的相错组的固定位，所有四个自相错统一位都处于显要位置。

在剩下的相错卦统一位配对中，S19 和 S24 是来知德的下经初始系列十卦的边界。S22 和 S23，虽不是统一视角中的相错卦，却是反转其中一卦后可以相错的唯一相邻的一对反卦统一位。S22、S23 被置于 S19 和 S24 之间，并且可以以这种方式反射出在相错组 S5—S9 和 S29—S33 中安排自相错统一位 S7、S30 的现象。

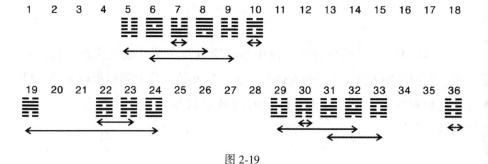

图 2-19

反转一卦后可相错的 S11 和 S20 将在讨论第七因素消息卦时予以说明。S4 和 S21(统一视角不匹配的相错卦)被放置在上、下经的直接平行位置(按照第十因素)。S3 和 S28(不匹配的相错卦)似乎不适合十个因素的任何一个。但是，S3 是序列中反卦统一位的第一个，S28 位于下经的中点。

4. 第七因素：消息卦和两个三画卦自重而成的反卦的整合

(1)消息卦。

在《易林》的"卦气图"中，十二个卦根据爻的构成被分属于一年的十二个月，这些六画卦被称为消息卦。

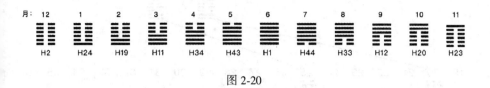

图 2-20

"消息"一词见于剥卦(S13：H23，十二消息卦之一)《象》传，其辞云："君子尚消息盈虚，天行也。"复卦(S13：H24)《象》辞云："刚长也。"夬卦(S26：H43)《象》辞云："刚长乃终也。"如以下讨论所示，其他消息卦不断流转，一个柔爻进入姤卦之下，刚爻就渐渐的"消"退，以至坤卦的全柔，而后一个刚爻进入复卦之下，刚爻就渐渐"息"长，以至乾卦的全刚。

如图 2-21 所示，统一视角中的七个统一位包含了十二消息卦：S1、S2、S7、S11、S13、S20 和 S25。这七个中的四个在上、下经中处于平行位置(S2 与 S20，S7 与 S25)。

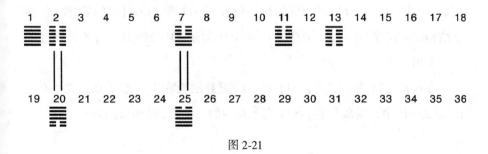

图 2-21

此外也值得注意的是 S11 与 S20、S13 与 S25，如图 2-22 所示，在统一视角中，它们被定向为能表明其相错关系的形式，并且在上经和下经中，这两对的成员以相同的顺序表示出来。

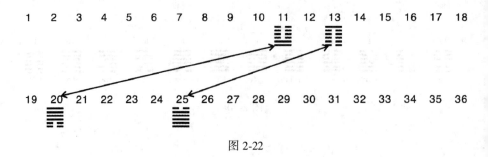

图 2-22

S11 和 S25 是上下经净爻计数集之中的关键成员，并且如果它们的位置由此被限制，那么这四个统一位就以如下方式呈现，即在各种可能的组合中，显示卦序中最大范围的重要关联。

（2）消息卦和两个三画卦自重而成的反卦的整合。

如图 2-23 所示，S11 位于 S29 的对面，S13 位于 S32 的对面。在后一种情况下，存在着一个由奇偶原则引起的统一位的移动，因为 S13 是阳统一位而 S32 是阴统一位。S29 和 S32 是两个三画卦自重而成的反卦统一位。在统一视角中，S29(䷲)是震(☳)的上下相重，S32(䷸)是巽(☴)的上下相重。将两个三画卦自重而成的统一位置于 S11 和 S13 对面的安排，使两个结构图案汇集到一起：消息卦和第八因素的三画卦焦点。后者是下经的一个突出主题。

在这种平行关系之外，S11 有三画震卦刚爻在下、柔爻在上之"象"。在《说卦》传中，震属于春。S11 则是属春的三个消息卦中的第一个。

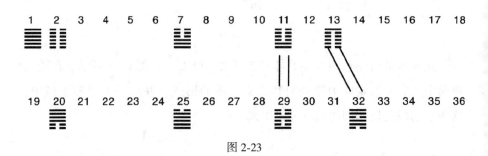

图 2-23

5. 第八因素：三画卦焦点

在统一视角中，三十六个统一位共分布着七十二个三画卦，在上经中，乾、坤更受青睐；在下经中，兑、巽和艮更受青睐；在整体上，兑最受青睐。（见表 2-1）

表 2-1

三画卦	上经计数	下经计数	总数
乾☰	7	2	9
坤☷	7	2	9
坎☵	5	4	9
离☲	4	5	9
震☳	5	4	9
艮☶	3	6	9
巽☴	2	6	8
兑☱	3	7	10

关于三画兑卦安置，三画兑卦共出现了十次，在下经中集中见于 S24—S28，出现了五次。在 S25—S28 中，作为内卦的三画卦依次是乾、坤、坎和离。在上经中，这四个自重的对卦（S1、S2、S17 和 S18）也是以这样的顺序出现的。

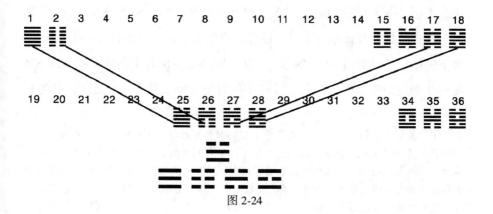

图 2-24

S25—S28 是下经净爻计数组(第五因素)五个统一位中的四个。那组统一位的第一个,即 S24(䷹)的内卦也是兑。所以那一组的五个统一位,都有了三画兑卦。

从出现三画兑卦的其他统一位来看,它也是下经第一个统一位 S19 的外卦。有两个统合了四个三画反卦的统一位,即 S19 和与其相错的 S24。在统一视角中,S19 是下艮上兑(䷦)。

S28 是下经三画兑卦集 S24—S28 的最后一位,跨越上下经与之相对的S10,以兑为外卦。S10、S28 分别占据着上、下经的中点。与 S10 相邻的S11,以兑为内卦。在上经净爻计数组中,便有两个三画兑卦的组件。

剩下的两个三画兑卦出现在对卦统一位 S16 和 S34 中,根据第三因素,这两个对卦统一位被置于上、下经中平行相对的位置。

6. 第九因素:之卦

最初获取《周易》占卜信息的方式是在其历史中还没有被清晰把握的一个方面。① 在《左传》中,有许多用《周易》占卜的例子,其中常见某卦"之"另一卦(本卦的一爻变成相反的爻,变成它的"之"卦)的记载。这些筮例,通常先参考两卦之内外卦构成,而后引用和解释与"变爻"相关的爻辞。从这个角度来看,任何六画卦都可能变为另外六个卦。

在统一视角的卦序中,还有我们尚未解释的谜题,而"之卦"关系为解决它提供了令人信服的前景。在上经和下经中,S3—S4 和 S21—S23 分别处于接近开始和彼此相对平行的位置。它们以上经五个相错卦(第六因素)和下经的净爻计数组(第五因素)结束。这些统一位有个共同特征,即 S36某一爻变成相反而成的六个"之卦"中的五个。除了其中一个之外,其他都

---

① 根据《系辞》传所描述的用蓍草卜筮的多步操作法,可以得出一个六画卦,并确定哪个爻"变"成相反的柔爻或刚爻。后来的学者们认为,一个六画卦有"变"成其他的六个六画卦的可能性。这个想法是朱熹在"卦变图"中所描述并在《易本义》的解说中提到过的卦变理论的基础。参见朱熹. 周易本义. 朱子全书(壹)[M]. 上海、合肥:上海古籍出版社、安徽教育出版社,2002:23-29.

倾向于在统一视角中使这种关系变得明显可见。S36(䷟)九三爻变,本卦"之"S3(䷂);六二爻变,之 S4(䷃);九五爻变,之 S21(䷔)(S36 的之卦统一位中唯一有必要看其反转卦形的,S21:H36䷷);上六爻变,之 S22(䷕);初九爻变,之 S23(䷖)。

另一个 S36 的之卦是 S28(䷛),就是下经的中央卦,也是三画兑卦组和净爻计数组 S24—S28 的最后一卦。

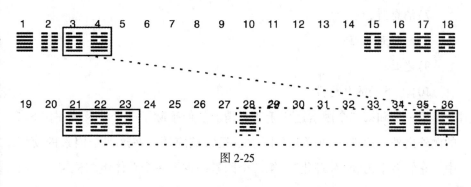

图 2-25

7. 第十因素:上下经的并行性

上面已经指出了并行放置的实例,它们包括第三因素,即来知德的上、下经的对卦框架的组成部分,以及第五、六、七、八、九等结构因素中根据每种因素的定义特征已经被确定了的部分。

语法和想象的并行性是"十翼"所用文言文措辞的标准特征。譬如《序卦》第一段曰:"有天地,然后万物生焉。盈天地之间者唯万物。"另一段介绍下经的话说:"有天地然后有万物,有万物然后有男女,有男女然后有夫妇。"这可能是用文字的方式,反映出与见于卦序的明显的爻画结构的并行性相同的偏好。

8. 摘要

参考把六十四卦视为三十六统一位的统一视角,可以提出前文论及的《周易》卦序的十个结构因素:

1) 反卦的配对;

2) 对卦的配对;

3) 对卦作为卦序界限的重要定位作用;

4) 阳与阴的奇偶相关;

5) 基于统一位卦的爻数统计对比;

6) 反卦统一位中的相错卦;

7) 消息卦;

8) 三画卦焦点;

9) 之卦;

10) 上下经的并行性。

第一个和第二个因素适用于所有情况。似乎除了一个涉及统一位 S25 的例外之外,第四个和第五个因素也经常被应用。在这四个因素的使用中,它们似乎已经"公理化"。第三个因素提供了一个总体组织框架,它将八个对卦中的六个分别置于上、下经末端,并安排了其中四个——S15、S16、S34 和 S35——使上经的 S15 和下经的 S34 因共享三画离卦之"象",S16 和 S34 因共享三画坎卦之"象"而关联起来。第六个到第十个因素分布在对卦框架内,一般服从于四个"公理"。

表 2-2 显示了每个统一位(最左列中的 1—36)是如何反映为卦序提出的第三个到第十个位置结构因素(在顶行中指示)的。

表 2-2

因素 统一位	3:对卦	4:阳卦+阴卦-中性0	4.奇偶	5:净爻计数	6:反卦统一位的相错卦	6:其他反卦统一位相错卦	7:消息卦和上下经(平行某 S)	8:三画兑卦焦点	8:其他三画卦焦点	9:S36之卦(L爻位)
上 1	2x 乾	+	(全阳)	+6			(不平行)			
上 2	2x 坤	—	(全阴)	−6			S20			

续表

因素统一位	3:对卦	4:阳卦+阴卦-中性0	4:奇偶	5:净爻计数	6:反卦统一位的相错卦	6:其他反卦统一位相错卦	7:消息卦和上下经(平行某S)	8:三画兑卦焦点	8:其他三画卦焦点	9:S36之卦(L爻位)
上3		+	奇	-2		S28反				L3
上4		−	偶	+2		S21				L2
上5		+	奇	-4	S8					
上6		−	偶	+4	S9反					
上7		0		0	自相错		S25			
上8		−	偶	+4	S5					
上9		+	奇	-4	S6反					
上10		0		0		自相错		上		
上11		+	奇	-2		S20	S29#	下		
上12		0		0	S27反					
上13		+	奇	-4	S25		S32#			
上14		−	偶	+2	S26反					
上15	"坎"	+	奇	-2			上			
上16	"离"	−	偶	+2						
上17	2x坎	+	奇	-2						
上18	2x离	−	偶	+2						
下19		0		0		S24		上	艮+兑	
下20		−	偶	+2		S11	S2			
下21		+	奇	-2		S4				L5反
下22		−	偶	+2		S23反				L6
下23		+	奇	-2		S22反				L1
下24		0		0		S19		下	兑+艮	

续表

因素统一位	3:对卦	4:阳卦+阴卦−中性0	4:奇偶	5:净爻计数	6:反卦统一位的相错卦	6:其他反卦统一位相错卦	7:消息卦和上下经(平行某S)	8:三画兑卦焦点	8:其他三画卦焦点	9:S36之卦(L爻位)
下 25		−	奇*	+4	S13		S7	上		
下 26		+	偶*	−2	S14 反			上		
下 27		0		0	S12 反			上		
下 28		−	偶	+2		S3 反		上		L4
下 29		+	奇	−2	S32				2x 震	
下 30		0		0	自相错				巽上	
下 31		0		0	S33					
下 32			偶	+2	S29				2x 巽	
下 33		0		0	S31				巽上	
下 34	"坎"	−	偶	+2				下	巽上	
下 35	"离"	+	奇	−2						
下 36	离+坎	0		0		自相错				

注:* 违反奇偶规则;# 从一个统一位平行移位;2x 三画卦,三画卦自重卦;"三画卦",有某三画卦之"象";反:看统一位卦的反卦伙伴;灰色阴影表示因素 5、6 和 9 中主要并行集的成员。

在统一视角中,六十四卦序列中成对反卦的前一个代表统一位卦。例如,在第一对反卦 H3 和 H4 中,H3 用于代表统一位卦 S3。以前一卦代表每对反卦的选择在每个统一位中创建了一个方向,以便于与统一视角中的其他统一位进行比较,这使第六个到第十个因素脱颖而出。例如,通过相错卦组统一位 S11 与 S20、S13 与 S25 的匹配方向,第七因素消息卦的直观图示一下就变得清晰了。因为在这四个统一位中的所有六画卦都是反卦,如果它们作为统一位卦的卦画方向被颠倒,那么它们与消息卦结构的整合就不那么明显了。类似地，一致的方向对于揭示三画兑卦集合 S25—S28 和三画巽卦焦点的 S30—S34 是必不可少的。最后，在第九因素之卦中，S36 的六个之卦中的五个也共享了一个匹配的方向。

通过重现对结构图示的辨识，第十因素所提出的上、下经的并行性得到了进一步强化。第三因素的对卦框架是上、下经直接并行性的一个例子，在其中，统一位或统一位分组在彼此之间立即横跨。在第七因素消息卦统一位中，上经的 S2、S7 和下经的 S20、S25 直接并行。上经的 S11 和 S13，处在下经 S29 和 S32 这两个反卦统一位的平行位置，S29 由三画震卦自重而成，S32 由三画艮卦自重而成。在三画卦焦点方面，S28 是三画兑卦组 S25—S28 的最后一个，与上经中也以三画兑卦为外卦的 S10 相对，S10 还是上经净爻计数组的第一个。

还有镜像组的示例，其中如果序列自身折叠，则组将是平行的（考虑到下面讨论的一个统一位位移）。上、下经净爻计数组 S10—S14 和 S24—S28，与两组五个反卦统一位的相错卦组 S5—S9 和 S29—S33 一样，都处于镜像位置。

第四个到第十个因素受到已注明的例外情况的约束。S25 和 S26 是奇偶阳阴放置规则的唯一例外，它们也是抵消净爻计数配对的唯一例外。在后者中，S25 和 S26 是 S24—S28 组的成员，该组在净爻计数中与 S10—S14 组相平衡。S13 和 S25 也是由来知德所指出的上下经之间的阴阳爻数差异的原因。这种爻数差异使《周易》卦序中两个子序列的划分符合《系辞》传"阳卦多阴，阴卦多阳"的定义，这也是第四因素的定义：阴爻多，上经属阳；阳爻多，下经属阴。且首先是奇偶位。总之，这些动态机制表明 S13 和 S25 是"证明规则"的例外，在设计中脱颖而出，以突出他们所描绘的模式。

另一个明显的例外是，与它们在上经中的并行同伴相比，下经末尾的反卦统一位 S29 和两个对卦统一位 S34 和 S35，有一个统一位的移位。然而，作出这种选择，似乎参照了第三因素，即对卦统一位的框架，在该框架中，有三画坎卦或离卦之象的统一位 S15、S16、S34 和 S35，被放在直接由三画离卦或和坎卦构成的统一位 S17、S18 和 S36 之前。加上 S1 和 S2，该框架中上经就有八个六画对卦统一位中的六个，正是这种情况使得上下经中原本数量不等的六画卦变成统一视角中相等数量的统一位。在上下经中，由净爻计数和反卦统一位的相错卦组的集合构成了十个连续的统一位，在它们结束的地方，对卦组开始。

由于下经以一对反卦(S36：H63 和 S36：H64)结束，上下经末端都有四个六画卦，但在末端，下经只有三个统一位卦，而上经则为四个。结果，在开始处，下经有五个位置，而上经只有四个。下经所剩的五个统一位中的后三个，上经的第三个和第四个统一位，一分为二，分别由之卦组 S21—S23 和 S3、S4 填补，它们跨越上下经平行相对。因此，通过上下经的过程，三种类型的组一个接一个地被排列，并且看似异常却有助于整齐地填充两个平行的子系列。

在一些对齐统一位的情况下，结构装置一起表现在每个统一位的定位中，并且至少应用四个因素(例如，统一位 S1 中涉及因素 2、3、4 和 5)。在统一位如 S3 和 S4 的位置中涉及多达七个重合因素(因素 1、4、5、6、8、9 和 10)。结果，多重因素交织成一个关系的矩阵，为每个统一位的放置提供了一个多层的逻辑。

五、结论

从统一视角可以看到，六十四卦序列是上下经中被紧密设计的关系网络，在上下经中，一些共享十个结构因素的统一位组平行相对、彼此相关。这些因素一直隐而不彰，部分原因是，若没有统一视角，就难以理解。来知德可能错过了他最初观察的深层意蕴，因为他继续用卦而不用统一位的相互关系来思考。然而，如果把他的思路贯穿于统一视角，那么就会出现一种工具，既能肯认他的三个因素的作用，又能达到其他七个在形成卦序列结构过程中起作用的因素。这种统一视角，在王弼时期已经明显"失其传"了。

　　附记：本文的基本思想最初出现在《〈周易〉六十四卦序列安排的结构性要素》①一文中。那篇论文解释了来知德的《上下篇义》中的结构概念，并以图形的形式介绍了六十四卦序列被视为三十六组统一体的"统一视角"。此外，它还确定了阳和阴统一体的奇偶配置，基于爻计数的统一体配对，以及十二消息卦的核心作用等图案。21 年后，经过更深入地分析影响卦序编排的条件，这些概念被扩展到了十大因素，结果就是这篇《〈易经〉卦序中的结构性因素》②，成中英和夏含夷（Edward Shaughnessy）博士曾对本文早期草稿提出了宝贵意见，《中国哲学杂志》（*The Journal of Chinese Philosophy*）的编辑委员会和工作人员对本文后续改进也提出了宝贵意见，在此一并致谢。

　　2011 年的文章发表以后，笔者读到了李尚信博士的《卦序思想与解卦理路》一文，他对《周易》卦序的结构得出了一些与笔者类似的结论。③ 李博士好像也不知道笔者 1990 年的文章。所以我们两人各自独立的研究结果相互证实了以前在与《易经》有关的大量文献中没有提到的原则的有效性。李尚信仔细重建了笔者所称的"统一视角"的历史，借着本文翻译成中文的契机，笔者参考了李博士的研究，对旧文略有修订。此外，李博士曾提到 20 世纪 30 年代的学者沈有鼎有一篇题为《周易序卦骨构大意》的文章，其中他还与笔者提出了一个同样的"建筑原理"卦序构造的想法。沈有鼎说："予初创此说，以为前人所未发，近读《崔东壁遗书易卦次图说》，乃与予说不谋而合；由是知客观真理，非一人之言，故详著其说，读者幸无忽之。"

---

①　Larry J. Schulz. Structural Motifs in the Arrangement of the 64 Gua in the Zhouyi [J]. Journal of Chinese Philosophy，1990，17(3)：345-358.

②　Larry J. Schulz. Structural Elements in the Zhou Yijing Hexagram Sequence [J]. Journal of Chinese Philosophy，2011，38(4)：639-665.

③　李尚信. 卦序与解卦理路[M]. 成都：巴蜀书社，2008. 这本书包括并取代了 1999 年的论文。

关于"易经"的文献多种多样，跨越几千年和几种语言，在文献数字化和互联网出现之前，要获得那些文献并不容易，读过之后，后学只敢惶恐地声称其原创性。

——舒来瑞记

先天方图和《周易》卦序共享卦属性和位置规则

邵雍(公元 1011—1077 年)设计了"先天方图",来说明刚爻(▬▬)和柔爻(▬ ▬)的组合产生了现在可能被称为二进制数字宇宙的六画卦系统。邵子由这两个基本位构建了连续的集合,其成员数量成倍增长,从 $2^1 = 2$,到 $2^2 = 4$,到 $2^3 = 8$ 等。再相重为六画卦,到 $2^6 = 64$,即出现在《周易》与其他的六十四卦序列的数。邵子的这个想法可通过图 3-1(由下往上)来展示。

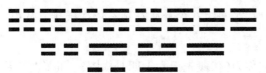

......(经过四画卦和五画卦的两个步骤)

图 3-1

邵子按照如下两条规则来建立这个阶段每一层的刚柔爻组合:1)柔爻在左而刚爻在右;2)在随后的 2 的幂组中,在所有可能的组合中,在柔柔刚刚上添加柔刚。

邵子随后将六十四卦序列显示为一个 8×8 矩阵,如图 3-2。

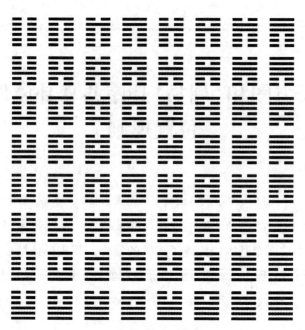

图 3-2

该图像是根据两个附加规则来构建的：1）将六十四卦序列从左到右分成八组，每组八个卦；2）每组八个卦从左到右依次横排，从第一至第八组，依次纵列排开。

这个图形被称为《伏羲先天六十四卦横图》，也称"先天方图"，邵子又由它衍生出一个圆形排列。不过，圆图依据的是另一种规则：从坤到姤的三十二个卦从子位开始按照逆时针方向依次分布成右边的半圆形，从乾到复的三十二个卦从午位开始按逆时针方向依次分布成左边的半圆形。如图3-3所示，方图和圆图经常合在一起。①

----

① 1701 年，耶稣会传教士白晋（Joachim Bouvet）神父在中国时向戈特弗里德·威廉·莱布尼茨（Gottfried Wilhelm Leibniz，公元 1646—1716 年）送了这张图，并向他证实了他的二进制数概念的有效性。这张扫描图显示，白晋神父所送图片上有莱布尼茨在每个方图的卦上面所写的十进制等值符号。

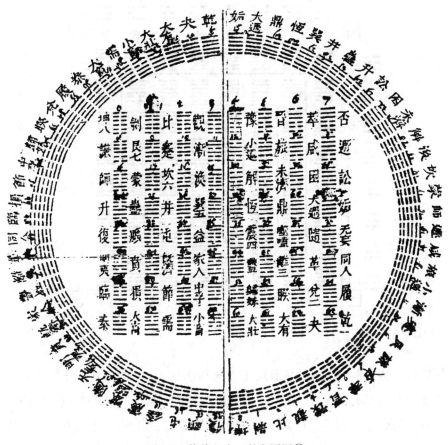

图 3-3　伏羲六十四卦方圆图①

　　为方便起见，如图 3-4 所示，笔者将先天方图的行指定为 A—H，将列指定为 0—7，并标出四个角北（N）、东（E）、南（S）和西（W）。关于他的方图，邵雍说："先天学，心法也，图皆从中起，万化万事生于心也。"②他说矩阵内在每个方形圈层角落处的卦，因是从中心辐射出来的，故有共

　　① 该图取自［美］方岚生. 互照：莱布尼茨与中国［M］. 曾小五，译. 北京：北京大学出版社，2013：136.
　　② 转引自黄宗羲. 宋元学案. 吴光主编. 黄宗羲全集（三）［M］. 杭州：浙江古籍出版社，2005：474.

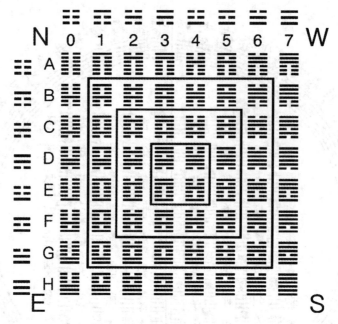

图 3-4

同属性，特别是外圈层的角卦属于方向和季节。① 三画卦在邵子所指出的特征中扮演着不可或缺的角色。方图清楚地表明每个六画卦都包含两个三画卦。例如在 A 行中，所有六画卦的内卦都是三画坤卦；在第 0 列中，所有六画卦的外卦也都是三画坤卦。如图 3-4 所示，作为每行内卦或每列外卦的三画卦，构成该行或列的主卦。对于方图，邵子仅讨论了四个角连接而成的两个对角线的情况：

> 方图中起震巽之一阴一阳，然后有坎离艮兑之二阴二阳，后成乾坤之三阳三阴，其序皆自内而外。内四卦四震四巽相配而近，有雷风相薄之象。震巽之外十二卦纵横，坎离有水火不相射之象。坎离之外二十卦纵横，艮兑有山泽通气之象。艮兑之外二十八卦纵横，乾坤有

---

① 邵雍用六画卦 A7 代表秋天和西方，用 H0 代表春天和东方，对于这种一般的季节和方位观点，笔者有不同看法(譬如"消息卦"概念，见下)。

天地定位之象。四而十二，而二十，而二十八，皆有隔八相生之妙。以交股言，则乾、坤、否、泰也，兑、艮、咸、损也，坎、离、既、未也，震、巽、恒、益，为四层之四隅。①

换句话说，三画卦焦点在由内而外的四个圈层方格内是一致的，最内圈层的四个六画卦都由☵和☶组成，第二圈层中的十二个卦由☶和☷支配，第三圈层中的二十个卦属于☷和☶，最外圈层的二十八个卦则统于☷和☶。邵子特别注意到每个圈层中的六画卦数量依次增加了八个，从最内圈层的四个增加到十二个、二十个、二十八个。

在此之外，邵雍没有再详细说明该图形的构造，尽管它构成了他最为人所知的《皇极经世》这部关于过去和未来时间复杂猜测的名著的基础。然而，后学王肇宗和笔者独立地发现了方图中六画卦位置的对称性，这些对称性反映在《周易》卦序中。② 在下文中，笔者将讨论这些对称性特征，并参考方图来识别《周易》卦序中的结构因素。

一、六画卦属性和安置规则

在《〈易经〉卦序中的结构性因素》中，笔者将《周易》卦序列的制造者所使用的放置规则归纳为十个因素：

1）反对的配对；

2）对卦的配对；

3）对卦作为卦序界限的重要定位作用；

4）阳与阴的奇偶相关；

5）基于统一位卦的爻数统计对比；

6）反卦统一位的相错卦；

---

① 转引自黄宗羲. 宋元学案. 吴光主编. 黄宗羲全集（三）[M]. 杭州：浙江古籍出版社，2005：477.

② 见本书《王肇宗〈周易图〉中关于〈周易〉卦序结构的思想》一文。

7) 消息卦；

8) 三画卦焦点；

9) 之卦；

10) 上下经的并行性。

在下面的讨论中，笔者将这些因素分解为两个组成部分：六画卦的属性和六画卦在《周易》卦序中的分布规则。这些属性和规则将提供比较先天方图和《周易》卦序的词汇和语法。六画卦的共享属性如下：

1) 反卦配对性；

2) 没有反卦配对性的对卦；

3) 阳性(柔爻比刚爻多)；

4) 阴性(刚爻比柔爻多)；

5) 中性(刚爻和柔爻各三个)；

6) 三画卦组合性；

7) 消息卦性；

8) 之卦关系；

9) 应爻性(这个属性是本文新增的)。

因为属性1和属性2，如图3-5所示，六十四卦序列可以被凝聚成笔者所谓的"统一视角"(见《〈易经〉卦序中的结构性因素》)的上下经并行序列。

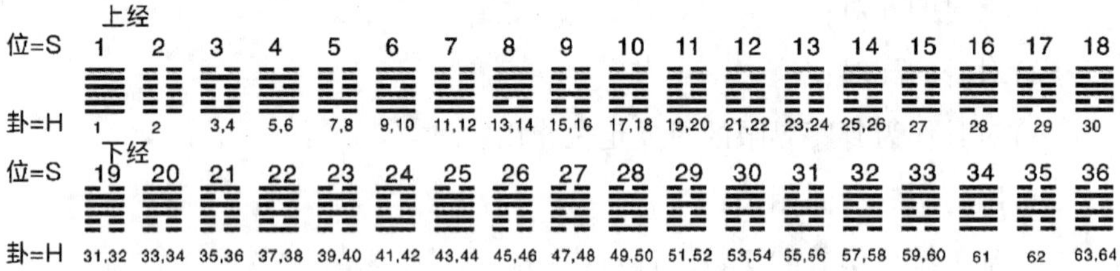

图 3-5

此外，《周易》卦序的放置规则如下：

1) 互为反卦的两个六画卦构成一个统一位；

2）选择互为反卦的前一个六画卦代表统一位卦；

3）把八个对卦作为八个统一位卦；

4）把三十六个统一位分布成各含十八个统一位的两个子序列（即上、下经）；

5）互为对卦的两个六画卦作为相邻的两个统一位；

6）对卦配对作为子序列的界限；

7）以乾、坤为序列之首；

8）以坎、离三画卦自重或有其"象"的六画对卦组为上下经子序列之末；

9）全应爻统一位作为下经的界限，与以对卦为基础的构造；

10）阳性卦占奇数统一位；

11）阴性卦占偶数统一位；

12）根据统一位卦的爻数统计来对比统一位；

13）符合特殊的三画卦分组（如三画兑卦作为 S25—S28 之上卦）；

14）符合上下经的并行性，关于：

①反卦统一位的相错卦的放置；

②消息卦的放置；

③三画反卦自重的六画卦（震、艮、巽、兑）的放置；

④统一位卦 S36 的之卦的放置。

在《周易》卦序中，规则 1—8 在所有情况下都是强制执行的。这些规则强制执行的放置选项也允许任何卦参与众多自定义组。它的作用是使"证明规则的例外"成为"规则"使用，这很可能是卦序作者模仿自然的一种方式。我们和中国早期的学者一样，在春分或满月时会有精确的统计数据。不过，其他事件相对不可预测。例如，春季的最后一次或秋天第一次霜冻，在农业经济中是非常重要的事，每年发生的情况却可能存在不少差异。然而，如果留下例外是一种"自然化"规则的方式，那么需要有令人信服的证据来证明，看似规则，又不是随机的。因此，笔者将统计推断作为证据，以证明规则是按顺序排列的。

运用六画卦属性来发展安置规则，好像是《周易》卦序列的制造者有意识选择的。笔者在上文说过，邵雍只用了四条注意个别成分的阳刚或阴柔爻性的根本规则设计了先天方图。但进一步的分析表明，方图显示了《周易》卦序列中出现的许多相同规则。这些明显的规则不是有意识设计的功能，却是可以在方图中自动发生并置的结果。王肇宗采取了笔者前面所描述的一种方法来确定方图和《周易》共享的规则，笔者在以下部分中将采用另一种方法枚举那些构造的质量。

二、先天方图与《周易》卦序的安置策略

1. 以相错性放置

在先天方图中，如图 3-6 所示，所有的两两相错的六画卦在不同的圈

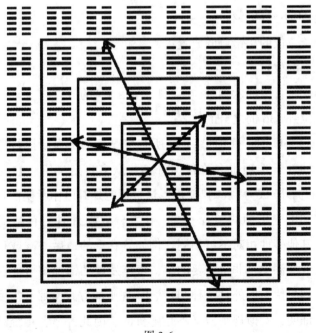

图 3-6

层中处于斜线对称位置的两端。

在《周易》卦序中，如图 3-7 所示，相错卦的位置有几种形式：其一，八个对卦两两相对相邻，放置的方式与方图一样严格（S1 与 S2、S15 与 S16、S17 与 S18、S34 与 S35）；其二，反卦统一位的两个成员彼此相错：1）四个统一位的成员卦既相综又相错，是自相错统一位（S7、S10、S30、S36）；2）六个统一位在相同的子序列中相错（S5 与 S8 在上经，S19 与 S24、S29 与 S32 在下经）；3）六个统一位跨上、下经交相错（S4 与 S21、S11 与 S20、S13 与 S25）。

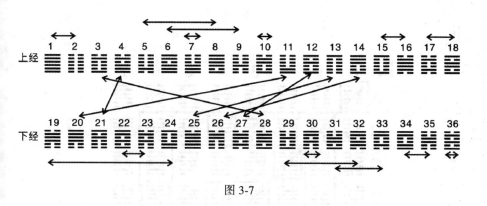

图 3-7

所有反卦的相错关系都按照笔者在《〈易经〉卦序中的结构性因素》中所描述的方式进行分组，并与本文的结论一致。

2. 以对卦放置

在《周易》卦序中，如图 3-8 所示，八个反转无别的六画卦，两两相错，被置于相邻位置，构成对卦统一位。

在先天方图中，如图 3-9 中以方框标示的八个对卦，像其他的六十四卦一样，是交斜跨它们的圈层相对，又以对称模式分布的。

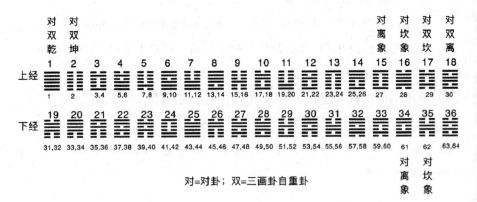

对=对卦；双=三画卦自重卦

图 3-8

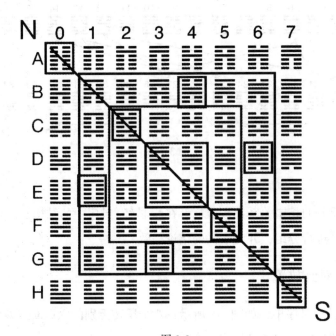

图 3-9

包含三画对卦☰与☷、☵与☲的六画卦落在 N—S 对角线上。这些三画卦也决定了相应的六画卦在《周易》卦序的子序列首尾的位置。S1 和 S2

是☰和☷自重而成的(见《〈易经〉卦序中的结构性因素》第八因素"三画卦焦点")。以这种方式,八个对卦出现在先天方图的对称椭圆中,并且也明显地被放在《周易》卦序中。

3. 以净爻计数组成放置

在统一视角中,统一位常和与其爻性相反的统一位配对。若用刚爻与柔爻数量之比来表示统一位爻率,则该比率是:6∶0(1个统一位),5∶1(3个统一位),4∶2(9个统一位),3∶3(10个统一位),2∶4(9个统一位),1∶5(3个统一位),0∶6(1个统一位)。笔者在《〈易经〉卦序中的结构性因素》中说明了在整个序列中根据抵消净值的统一位配对模式的出现,又解释了一种以图形方式呈现这个概念的方法,亦即将每卦刚爻计为+1,将柔爻计为-1,并绘制每个统一位的净值。可能的净总数为+6(仅限S1)、-6(仅限S2)、+4(3个统一位)、-4(3个统一位)、-2(9个统一位)、+2(9个统一位)和0(10个统一位)。

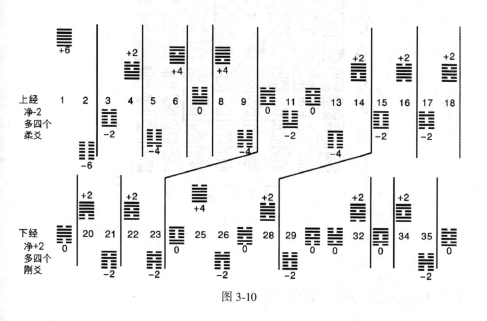

图 3-10

有 20 个统一位，它们两两相邻，而其净爻计数又可互相抵消。有 10
个统一位，它们爻率为 3：3，净爻计数为 0。因此，在 26 个可能的实例中
有 20 个出现了偏移配对（若将 S28 和 S29 视为相邻配对）。净爻计数相互
抵消的配对在其可能发生的 77% 的概率中得到了应用，并以规律的方式分
布，这表明，《周易》卦序列的设计者很可能把净爻计数作为规则。

在先天方图中，净爻计数的配对分布在 E—W 对角线两侧的两个卦族
中。图 3-11 中标有方框的大多数为阳卦（五阴一阳或四阴二阳），标有圆圈
的大部分为阴卦（二阴四阳或一阴五阳）。其中，A0、D3、E4 和 H7 是四
个特例。根据定义，A0 全为柔爻，属阴类；H7，全为刚爻，属阳类。因
此，D3 和 E4 才是真正的例外。它们来自图表构造的动态需要。因此，尽
管属于例外，它们却无意中"证明了规则"。

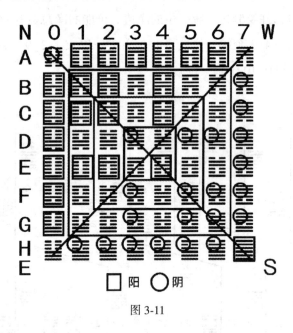

图 3-11

4. 以阳卦与阴卦的奇偶放置

在《〈易经〉卦序中的结构性因素》中，笔者根据《系辞下》"阳卦多阴，

阴卦多阳，其故何也，阳卦奇，阴卦耦"的记载，讨论了阴卦、阳卦相对于《周易》统一位序列的关系。阴柔爻比阳刚爻多的统一位卦算是属阳的，就放在奇数的位置，反之则属阴在偶数位。在统一视角中，如图 3-12（"+"表示"阳卦"，"－"表示"阴卦"，"0"表示三阴三阳均匀的卦）所示，除了两个特例（S25、S26）之外，所有统一位卦都强制执行奇偶区分。

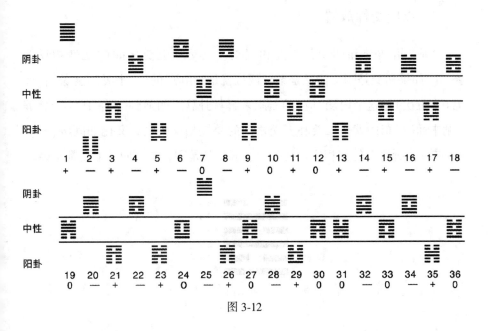

图 3-12

在统一视角中，阳统一位出现在奇数位；阴统一位出现在偶数位。净零（刚柔爻各三个）统一位则有五个在奇数位、五个在偶数位，数量相当。S25 和 S26 是阴奇、阳偶规则的两个例外，也与上述配对惯例相反，这个特殊情况将在下文中再考虑。在这里，26 个可能实例中的 24 个（92%）符合公理，这表明卦序作者有意这样排序。

就像第三点净爻计数那样，上、下经在阳奇阴偶占位意义上有整体的价值差异。上经的三十个六画卦，阳刚爻与阴柔爻之比的爻率是 52∶56，下经则是相反的。根据这个规则，第一或奇数，上经属于阳，第二或偶数，下经属于阴。

在先天方图中，已经看到了横跨 E—W 对角线的阳、阴六画卦簇。它们不在序列中交替为奇数和偶数。然而，如果从莱布尼茨的意义上把卦看作二进制数，那么无论从净爻计数来说它是阳卦或阴卦，顶部带有刚爻的六画卦还是奇数的。

5. 以应爻性放置

"应"指初爻和四爻、二爻和五爻、三爻和上爻之间的爻性相反关系。[1] 如果初爻是刚、四爻是柔，两位就是"相应"的。"十翼"之《彖》传经常（十五次）用这个内涵"应"的概念来解释卦辞。如师卦（S5：H7）《彖》辞"刚中而应"指的就是二爻和五爻之间的爻性相反关系。又比如既济（S36：H63䷾），所有爻位都相应：初、三、五爻都是刚，二、四、上爻都是柔。

图 3-13

既济（H63）是一个每爻又应又"正"（刚爻在奇位，柔爻在偶位）的卦。此外，另有七个六爻都相应的卦：S7：H11、S7：H12、S19：H31、S19：H32、S24：H41、S24：H42 和 S36：H64。

---

① "应"概念也包含在《火珠林》的占法中，它指的是八宫卦序列每卦的某个爻。黄宗羲说《火珠林》法"失其传也"，但将其描述为："世应分为八宫：乾、震、坎、艮、坤、巽、离、兑各主一宫，所属七卦自下而上以次受变，变至五爻则上爻不可复变。上爻为本宫之主，故第六卦从五爻返至四爻，变而复主卦之画，谓之游魂。第七卦则内卦皆复主卦之画，谓之归魂。主卦以上爻为世，其次五卦以变爻为世，游魂以四爻为世，归魂以三爻为世。世之对为应，初与四、二与五、三与上是也。"黄宗羲. 易学象数论[M]. 台北：广文书局，1974：65.

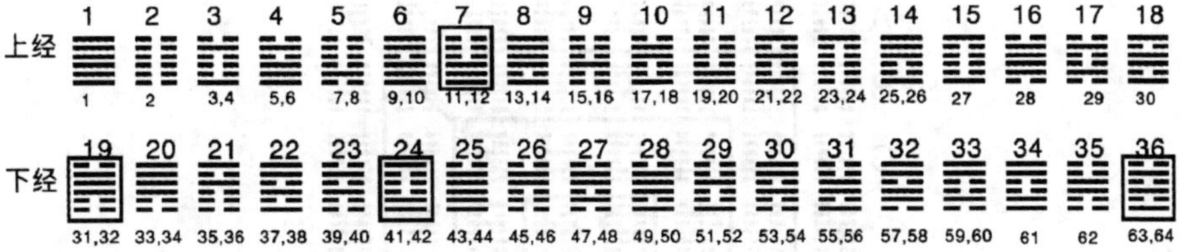

图 3-14

相应的统一位 S19 和 S36 处于下经的开头和末尾，这确实是有意义的位置。上文已经注意到一个基本原理，即唯一由三画离、坎二卦相重而成的统一位 S36 作为序列末尾位置。它与上经以六画对卦坎、离结尾相匹配，处于至关重要的位置。S19 从 S1 穿过上下经。S1 是一个对卦，也是三画乾卦自重而成的、唯一的全刚爻卦，因而是很有吸附力的统一位。S19 并没有这样的品质，但它不仅是净爻计数中性的，可以在卦序中被置于关于奇数、偶数位或反卦配对的任何位置，而且还有一个独特的应爻性品质。

至于另外两个全应爻的统一位，S7(包括 H11 与 H12)是唯一由三画乾、坤二卦交叉相重而成的六画卦。S24(包括 H41 与 H42)是下经第十一和第十二个六画卦，在这个意义上，S24 和 S7 分处下经和上经的第十一、第十二位，在两个子序列之间是平行的。来知德特别注意到这种情况。S24 跟 S19 有相错关系，故像 S1 与 S2，以及 S7 这些统一位，都有特别的关系。六画卦和统一位焦点之间的流动性，增加了卦序列信息内容的选择。

在先天方图中，如图 3-15 所示，四组六爻皆应且相错的六画卦全部落在 E—W 对角线上，并且以类似于它们在《周易》中出现的方式相互关联。最内圈层的两个卦 E3 和 D4，在统一视角中是 S19：H32 和 S24：H42，外一圈层是 S36：H63(F2)和 H64(C5)，再外一圈层是它们的反卦伙伴 S19：H31(G1)和 S24：H41(B6)，最外圈层的是 S7：H11(H0)和 S7：H12(A7)，它们相互毗邻，又与下经的 S24 平行。

73

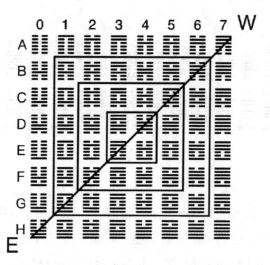

图 3-15

6. 关于自重反卦放置

如图 3-16 所示，最内圈层的另外两个卦，E4 和 D3，分别是三画卦☵和☶自相重而成的。

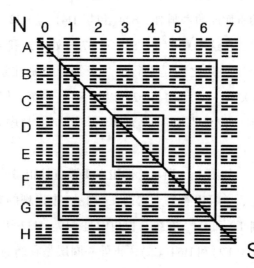

图 3-16

它们与所有其他三画卦自重卦一起，落在先天方图的 N—S 对角线上。与 E—W 对角线上的那些卦形成鲜明对比的是，八个三画卦自重卦是独特的没有应爻的卦，所以艮卦《象》曰："上下敌应。"在《周易》卦序中，四个自重而成的六画对卦乾与坤、坎与离处在上经应是有意义的始末位置，四个自重而成的六画反卦则定位在下经 S29 和 S32（如图 3-17 所示）。

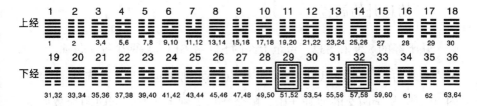

图 3-17

如图 3-18 所示，当把全应爻卦（方框所示）和无应爻的三画卦自重卦（双方框所示）放到一起时，就得到了崔述、王肇宗、沈有鼎和李尚信等所提出的卦序列的"骨架"的十六个六画卦。① 但是，我觉得在下一节中所讨论的消息卦，相当于在填充从 S8 到 S16 的长距离的同时，又通过 S20 和 S25 来增加了上下经的并行性，惟其如此，卦序骨架才真正得以完成。

———————————

① 沈有鼎 1936 年曾论及这十六个六画卦在卦序中的意义，他说："卦有类合有应合。内外卦同类曰类合，异类曰应合。同类，谓阳卦与阳卦、阴卦与阴卦。类合之主卦，即八卦自重，若是者无相应之爻，乾坤坎离震艮巽兑是也。应合之主卦，即卦之六爻皆应者，其为数亦八，泰否既济未济咸恒损益是也。凡主卦之数十有六，立序卦之骨构，其余四十八卦皆散卦。主卦总为六组：乾坤一也，泰否二也，坎离三也，既济未济四也，震艮巽兑五也，咸恒损益六也。上篇始之以乾坤，中之以乾坤之交泰否，而终之以坎离；下篇终之以坎离之交既济未济，而中之以震艮巽兑，始之以震艮巽兑之交咸恒损益。"沈有鼎. 周易序卦骨构大意. 沈有鼎集[M]. 北京：中国社会科学出版社，2006：271.

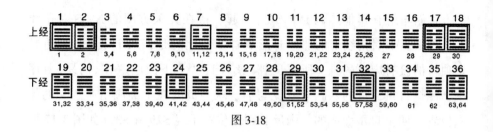

图 3-18

7. 消息卦的放置

从下经的 S29 和 S32，跨至上经的 S11 和 S13。后两个统一位属于十二个六画卦为一组的消息卦。在《易林》(公元前 1 世纪)首次描述的"卦气图"中，① 从全阴爻的坤卦开始，阳爻数从下到上生长，同时阴爻数后退，至全阳爻的乾卦后，就反之而阴长阳退，这十二个卦被分配到了一年的十二个月。此外，在"卦气图"的用法中，又有四个六画卦被分配给二分、二至日，如图 3-19 所示：

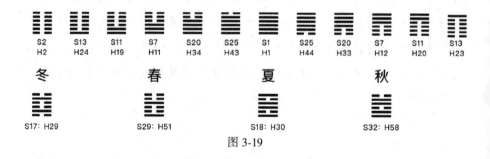

图 3-19

在先天方图中，十二消息卦都在最外圈层，依次为 A0、E0、G0、H0、H4、H6、H7、D7、B7、A7、A3、A1，逆时针方向出现。

---

① Larry J. Schulz, Thomas J. Cunningham. The Seasonal Structure Underlying the Arrangement of Hexagrams in the Yijing[J]. Journal of Chinese Philosophy, 1990, 17(3): 289-313.

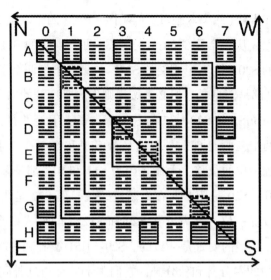

图 3-20

在方图的中间，E4 和 D3 是三画卦自重卦 S29 和 S32 的统一位卦；B1 和 G6 是那两个统一位卦的相综卦。它们处在与《周易》上经 S11 和 S13 两个消息卦统一位相平行的下经位置，也处在方图连接消息卦 S2（A0）和 S1（H7）的 N—S 对角线上。如此，在两个卦序列中，可以看到两种不同属性的统一位卦处在一种亲密的关系中。

如图 3-21 中的方框所示，十二消息卦包括了《周易》卦序的七个统一

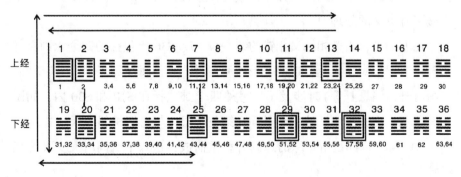

图 3-21

位，其中五个在上经(八个六画卦)，两个在下经(四个六画卦)。箭头显示
阴阳长退的进程，从一个刚爻的 S13，经过两个刚爻的 S11，三个刚爻的
S7，四个刚爻的 S20，到五个刚爻的 S25，包裹上下经两个子序列而绕成半
圈。S1 和 S2 也都是消息卦，但必须按规则作为卦序开始的配对。

消息卦统一位 S2 与 S20、S7 与 S25 都占了上下经并行性的位置。S29
和 S32 表明那两个三画卦自重卦跟消息卦 S11 和 S13 在上下经的并行性。
这里存在一个统一位的位移，大概是因为 S11 和 S13 都是阳统一位，需由
中性统一位分开；S29 是阳卦，在奇数统一位，而 S32 是阴卦，按照奇偶
规则，应在偶数统一位，这需要在 S29 和 S32 之间插入两个中性统一位。
这样来看，上、下经的安置是一致的。S29：H51 震卦和 S32：H58 兑卦分
别是"卦气图"中的春分卦和秋分卦，它们跟十二个消息卦同族。这些统一
位包含上经八个、下经八个六画卦，这种上下经的平行性，以及消息卦与
春分卦、秋分卦同族的条件，可以作为表明卦序作者意图的令人信服的
证据。

8. 以自相错性放置

《周易》和先天方图都突出地把相错关系作为一个非常重要的品质。
《周易》又经常使用相综关系作为配对原则。一般情况下，先天方图的生成
机制不会将相综卦组置于规则可感知的关系中。然而，如图 3-22 所示，既
相综又相错的八个六画卦在方图中被对称放置，这些卦的位置在《周易》中
也做了有意义的处理。

在方图中，由既相综又相错的统一位 S7、S36 所包括的四个六画卦都
出现在 E—W 对角线上，这四个卦已经在讨论其他属性和规则(即应爻性、
三画对卦、消息卦等)时涉及了。另外四个卦包括在 S10 和 S30 内，如图
3-23 所示，在方图中，这四个卦同在第三圈层，与它们相邻的六画卦(E1、
B4、D6 与 G3)都是由相综的三画卦相重而成，这八个卦同时又交叉为相
错卦。

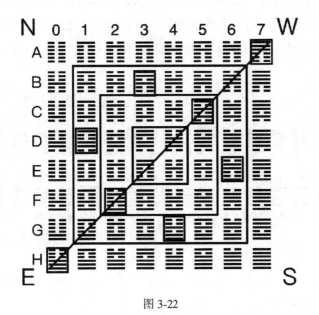

图 3-22

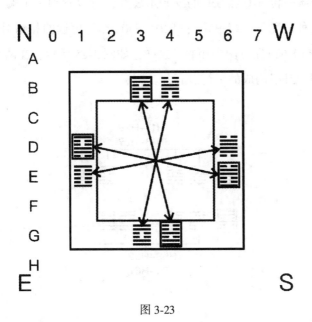

图 3-23

在《周易》卦序中，这四个既相综又相错的六画卦，和在方图中与之相邻的四个卦，出现在同一个子序列中，H17（E6）与H28（D6）、H18（D1）与H27（E1）在上经，H53（B3）与H62（B4）、H54（G4）与H61（G3）在下经。

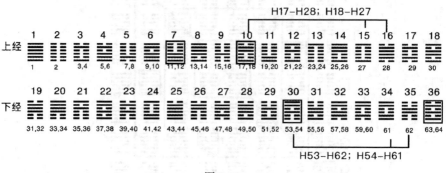

图 3-24

如果把统一位 S10 和 S30 的反卦组展开，可以看到一个额外的放置策略。在这两种情况下，统一位卦（S10、S30）都与更远的相错卦组（H27 与 H28、H61 与 H62）在方图中相邻，这样，如图 3-25 所示，在两个子序列中就创建了四个卦组构成的平行嵌套。

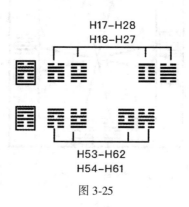

图 3-25

虽然这种结构选择的范围有限，但是有力暗示着先天方图对《周易》卦序建构可能是有影响的。

9. 按照之卦放置

"之卦"的概念首先出现在《左传》中，例如宣公十二年云："《周易》有之，在师之临曰，师出以律，否臧凶。""师出以律，否臧凶"是师卦初六爻辞。如果那个初六柔爻"变"成刚爻，本卦师（☷）即"之"临（☷）卦。《左传》中有十四个这种用法的例子，都描述了某卦和其有一爻区别的之卦之间的关系。① 这种仅据一爻的变化来断占的方法也许是后代失传的占法系统。像朱熹在《周易启蒙》中所描述的占法，从初至上的六爻都会变，某卦可变成其他六十三卦的任何一个。那就是《易林》中的占卜方式：本卦根据"卦气图"日历中的当前值日确定，占法决定六十三个可能"之卦"中的哪一个被认为与问卜者的问题相关。

在《周易》卦序中，如图 3-26 所示，包括十个六画卦的并列的统一位卦 S3 与 S4，以及 S21、S22 和 S23 等都是统一位卦 S36 的"之卦"（下文讨论的 S28 也是，S21 需看其相综卦），这五个统一位卦与 S36 仅相差一爻。到目前为止，没有其他规则涉及这五个统一位。

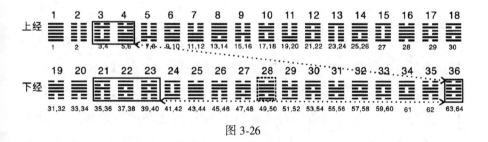

图 3-26

在先天方图中，"之卦"出现在反映组件三画卦的基础行和列的模式中。也就是说，如图 3-27 以 S36 所包括的两个卦 C5 和 F2 为例所绘制的图

---

① 严灵峰. 易学新论[M]. 台北：正中书局，1969：131-133.

形所示，某个给定本卦，一爻变而产生六个之卦，其中三个与本卦同列，另外三个与本卦同行。

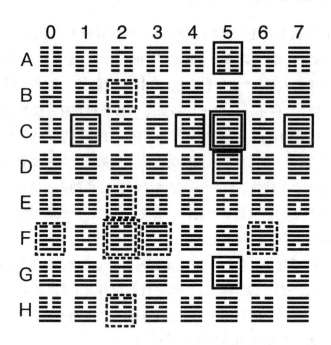

图 3-27

"之卦"以这种方式串联在先天方图中，而且并置于《周易》。S36 已经被认为具有多层结构意义，而其之卦统一位(S3、S4 与 S21、S22、S23)分别聚集在上、下经另一端的平行位置，从而突出了这个关键概念的重要性。此外，除了 S21 需看综卦来确认与 S36 的之卦关系之外，S3、S4、S22、S23 都与 S36 的统一位卦仅相差一爻。在统一视角可以设计的十二种可能方式中，只有两种可以实现这种程度的一致性。

10. 以独特的三画卦焦点组合统一位

先天方图以三画卦为主要的视觉意义，而《周易》卦序的设计者也强调了卦序列内特定三画卦的重要性。如图 3-28 所示，在统一视角中，最明显的是 S25—S28 这组统一位，它们的外卦都是三画兑卦，它们的内卦则依次是三画对卦乾与坤、坎与离，它们出现的顺序，与这四个三画卦自重而成的六画卦乾、坤、坎、离在上经中的顺序是一致的。

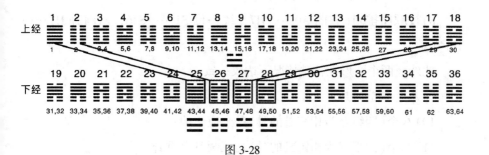

图 3-28

如果卦序列的作者选择以上四个统一位卦中任何一个的相综卦来代表统一位的话，那么该集合将在统一视角中被遮蔽。因而，这四个统一位卦的外卦都相同，它们内卦的分布，可以看作基于整个《易经》序列内部因素的有意识决定。

在先天方图中，这四个统一位卦根据基本规则占第七列，三画兑卦作为外卦，三画卦坤、坎、离、乾依次作为内卦（A6、C6、F6、H6）。在这个例子中，在先天方图中视觉上接近的卦也在《周易》卦序中并置，并且以突出它们关系的方式定向。

三、总结

在先天方图和《易经》卦序列中，每个六画卦都共享了下列结构属性中的至少一个：

1）三画卦组合；

2）阴（刚爻多）阳（柔爻多）卦性；

3)净爻计数(+/-/0);

4)应爻性(不应、一爻应、二爻应、全应);

5)相错性(六爻皆相反);

6)之卦性(每卦和一个爻不同的其他卦);

7)相综性(五十六个卦有,八个卦无);

8)按顺序排列(方图 A0……H7,统一位 S1……S36;六画卦 H1……H64)。

此外,两个图形在特殊情况下达成一致:

9)八个卦是对卦;

10)八个(四组互为相综卦的卦)是全应爻的;

11)八个(四组互为相错卦的卦)是三画卦自重卦;

12)十二个(六组相错的卦,其中两个为对卦,另外五组互为反卦)是消息卦;

13)八个(四组)卦既相综又相错(自相错)。

因此,每个六画卦和统一位卦都有一个属性的轮廓,这是两种排序方案中任何一种的唯一特征。例如,可以根据以上编号的属性来定义下面几个六画卦,如表 3-1。

表 3-1

	1	2	3	4	5	6	7	8	9	10	11	12	13
䷀	☰☰	阳	6：0	0	☰☰	*	不	H7;S1;H1	是	不	是	是	不
䷁	☷☷	阳	2：4	2	☷☷	*	是	E2;S3;H3	不	不	不	不	不
䷗	☳☷	0	3：3	3	☷☳	*	是	B6;S19;H31	不	是	不	不	不

* 映射到六个其他六画卦

序列中的放置模式构成其规则集的卦属性，是根据它们在两个序列中共享的规则列出的，如表 3-2。

表 3-2

	属性	先天方图的规则	周易卦序的规则
1	三画卦组合	行共享底部三画卦；列共享顶部三画卦	S36＝S18＋S17 三画卦；兑上三画卦组 S25—S28 等
2	阴/阳卦		阳统一位卦占奇数位；阴偶
3	+/-/0 净爻计数	+在 E—W 对角线的 N；-在 E—W 对角线的 S；0 在或近 E—W 对角线	+和-净爻计数相对
4/10	应爻性	全应爻在 E—W 对角线	下经之头尾；平行跨上下经
5	相错性	不同圈层上以图中心直线对称位置	对卦相邻成对放置
6	之卦	与本卦同列、同行	S36→S3、S4、S21、S22、S23（S28）
7	相综性		反卦都相邻成对放置
9	对卦	N&S 点；聚集在 E—W 对角线周围	开始上经；在上下经两端、平行放置
11	三画卦自重卦	N—S 对角线	对卦与 9 相同；反卦在下经，与上经的消息卦统一位平行
12	消息卦	在最外圈层	在上下经、平行位置
13	自相错	E&W 点；聚集在 N—S 对角线周围	跟方图伙伴在上经或下经

对于这两个序列，每个单元的属性都包含在基于规则的关系中。每个序列的结果是不同的，并且可以在每个序列中创建复杂的意义网络。如果六画卦和统一位卦是单词，属性是他们的定义，这些规则是他们的语法，

那么我们就能直接阅读和理解它们。实际上，它们的排序未必是在有文字的情况下进行的，也就是说，卦属性和卦序规则可以作为可能的意义的先行者。它们自己并没有言语意义，但以一种吸引言语的方式预示了可理解的意义，邵雍(和莱布尼茨)为方图所做的解释，前人对《周易》卦序的解说，都表达了不同的意义。

邵雍的方图是由几个简单的决定形成的一系列自然序数：1)通过 2 数的幂次公式分阶段生成六画卦的序列；2)将序列分八个子序列配置成 8×8 矩阵。除此之外，六画卦的属性也存在于矩阵中并置的模式中。笔者称为《周易》卦序放置规则，就是邵雍方图固有的对称性。三画卦自重卦落在 N—S 对角线上，消息卦处在最外圈层，这些都是邵雍设计方图时未曾预先考虑却自动显现在方图中的图案。这些对称性提供了一个证明《周易》卦序模式具有"自然"特征的指标。

在《周易》中，六画卦以完全人为的顺序排列。它们的属性作为每个放置选择的潜在因素，而《周易》卦序内部的其他动态因素进一步细化了其位置的重要性。作者采用并较为严格地遵守了一套根据不同优先级确定的层次结构的规则。反卦或对卦的配对具有最高的优先级。然后，除了 S25 和 S26 之外，在所有非 0 净爻计数的统一位卦中可以观察到阴卦和阳卦的分别，阳卦居奇数位、阴卦居偶数位，这表明在大多数情况下，奇偶位的选择具有抵消净爻计数统一位配对的功能。这些规则在上、下经之间创造了平行性，因为两者都以奇数开头。消息卦统一位和属于反卦的三画卦自重卦又加强了平行性(S29：H51、S32：H58 与上经 S11、S13 平行)。所有这些要素都贯穿着两个子序列的首尾，调整着统一位的序列。

对于先天方图中的每一个六画卦来说，相错性都得到明显的突出；但在《周易》中，除了八个对卦之外，相错性并没有得到普遍的重视。只有反卦统一位 S22 和 S23 的成员彼此相邻而又相错。反卦不是先天方图中的突出特征，但它是最重要的《周易》序列属性。选择每一对反卦中的哪一个在统一视角中作为统一位卦来代表统一位，是至关重要的选择。比如，刚才说的 S22(䷣)和 S23(䷤)，它们的成员卦 H37 与 H40、H38 与 H39 相错，但是在统一视角中，它们作为统一位卦却并不相错。《周易》卦序的设计师知道这一点，但他选择在统一视角中使用 H37 代表 S22。结果，S22 和 S23 中的相错关系就被遮蔽，而它们作为统一位卦 S36 的之卦的关系则被表现出来。

总而言之，笔者辨认了四种方式，它们与两个不同顺序相关的属性和规则似乎执行着相同的功能：

1）以对卦和全应爻卦作为卦序首尾标记。《周易》上经以对卦统一位开头和结尾，这些统一位卦都是三画卦自重卦。下经以全应爻统一位开始和结束。因此，这些属性等同于《周易》卦序的边界标记。先天方图的四个外角具有相同的品质：A0 和 H7 既是三画卦自重卦，又互为对卦，而 A7 和 H0 是全应的。它们分别构成三画卦自重卦对角线（N—S）和全应爻卦对角线（E—W）的两端。

2）消息卦在两个卦序列中的圆形放置表明了时间和方向的移动。邵雍给外圈层六画卦提供了季节性指定，同样的想法也适用于《周易》的包裹摆放。也就是说，时间和空间都隐含在十二消息卦中，而三画卦自重卦 S29 和 S32 则分别与东西方以及春秋季相关联。

3）阴卦偶、阳卦奇方式在两个图形中的定位表达了中国哲学的能量哲学辩证法和熵随时间的逐步演变。在《周易》中，有两个层次的阴阳卦考虑：奇数、偶数位置和按照净爻计数配对。在先天方图中，阴阳卦与 E—W 对角线相对。

4）三画卦组件形成邵雍方图行和列的基本结构。在《周易》的一般规则中，它们主要在局部选择中扮演辅助角色，例如下经的统一位卦 S25—S28 的外卦都是三画兑卦，而它们的内卦依次是三画乾、坤、坎、离卦，在上经中，三画乾、坤、坎、离卦自重而成的六画卦，也以乾、坤、坎、离为序。如果考虑到选择相综的两个卦中的哪一个在前作为统一位卦的话，那么三画卦关系的关键作用就凸显出来，因为在 S25—S28 中，以任何一个或多个统一位卦的相综卦来代表统一位，上述的上下经中乾、坤、坎、离的对应关系就会模糊不清。

　　总的来说，三十六个《周易》统一位中的三十个或多或少地参照了先天方图中出现的属性。S12、S27、S31 和 S33 都是三阴三阳的卦，其占位似乎可以互换。并且，S14 和 S26 没有表现出与方图卦品质相关的放置策略。《周易》作者的卦序排列或许还隐含着其他的意图，这将另文讨论。

　　王肇宗通过对先天方图中六种不同卦的类型的识别，来解释《周易》卦序，这是一项非常有效的分析，为以前未经检验的理论提供了实质内容。然而，因为没有统一视角的优势，王氏仍然没有意识到影响卦序安排的其他因素，如阴阳奇偶和净爻计数等。邵雍虽没有提出周文王是基于先天图来设计六十四卦序列这样的看法，但他把周文王的《周易》视为"后天"。王肇宗进一步指出先天方图是"文王序卦之根"，认为文王把先天方图中的卦组模式转移到《周易》卦序中，并展开成一种完全不同的安排，具有自己的意义。笔者还发现了反映在《周易》卦序的基本结构中两个图形之间的相似之处。这两个独立的发现，无论是否足以证明王氏的假设，都提出了许多需要继续讨论的关于《周易》卦序组织策略的问题。

　　附记：笔者 2016 年曾完成了《卦序学》①一书，主要是为了说明邵雍的"先天方图"和《周易》卦序共享了我在 2011 年发表的《〈易经〉卦序中的结构性因素》一文中所列举的卦属性和位置规则。本文源自该专著，同时也包括了研究王肇宗的《周易图》之后所作的修订。

——舒来瑞记

---

　　① Larry J. Schulz. Hexagrammatics：Rules and Properties in Binary Sequences［M］. Atlanta：Zizai，2016.

附录：约鲁巴人的四画卦序列

中国传统卦序列的规则对人类思想的吸引力，可用尼日利亚的约鲁巴人所用的一种类似的二进制性体系作为有趣的例子来证实，该体系仍然在非洲和西半球的侨民中使用。伊萨(Ifa)信仰中的一种占法，使用十六个类似易经卦画的线形四画卦，每个数字由一条垂直线"｜"或两条平行线"‖"组成。从 20 世纪 30 年代到 60 年代，威廉·巴斯科姆(William Bascom)研究了约鲁巴人中的伊萨占卜，描述了两个作为占卜标准的卦序列。[1]

把表 3-3 中 A 列的"1"转换为 1(即刚爻)，"2"转换为 0(即柔爻)，我们就可以把伊萨占法的四画卦转录为二元制性的数字(见表 3-3 的最右列)。

表 3-3

THE ORDER OF THE BASIC IFA FIGURES					Ife 转换四画卦	
	A. Ifẹ		B. Southwestern Yoruba			
1	1111	Ogbe	1111	Ogbe	1	1111
2	2222	Ọyẹku	2222	Ọyẹku	2	0000
3	2112	Iwori	2112	Iwori	3	0110
4	1221	Edi	1221	Edi	4	1001
5	1222	Ọbara	1122	Irosun	5	1000
6	2221	Ọkanran	2211	Owọnrin	6	0001
7	1122	Irosun	1222	Ọbara	7	1100
8	2211	Owọnrin	2221	Ọkanran	8	0011
9	1112	Ogunda	1112	Ogunda	9	1110
10	2111	Ọsa	2111	Ọsa	10	0111
11	1121	Irẹtẹ	2122	Ika	11	1101
12	1211	Otura	2212	Oturupọn	12	1011
13	2212	Oturupọn	1211	Otura	13	0010
14	2122	Ika	1121	Irẹtẹ	14	0100
15	1212	Ọsẹ	1212	Ọsẹ	15	1010
16	2121	Ofun	2121	Ofun	16	0101

---

[1] Bascom William. Ifa Divination[M]. Bloomington：Indiana University Press，1969：48.

　　在以上十六个案例中都可观察到配对。该序列的规则是：1)卦形反转就变成另一个卦，两卦就作为反卦配对(5—16两两一组)；2)没有反转卦形的四个四画卦，以爻性相反的对卦配对(1与2、3与4)；3)对卦组都在序列的开头；4)全1和全0卦在第一位和第二位；5)把两个1均匀分布的1010和0101卦放在序列末尾；6)在反卦组中，如果某卦一端为1而另一端为0(5、6、7、8、9、10、15、16)，以1开头的卦在其反卦组中放在前面。因为第一个四画卦是全"刚"的1111，并且其他以1开头的卦都在奇数位置，《周易》的阳奇阴偶规则也适用于伊萨卦序列。虽然上面B列中重新排列了部分反卦的先后顺序(5、6与7、8，和11、12、13、14在A列和B列之间反转)，但也是依据以上六个相同的放置规则安排的。因此，虽然这两个文化不具有可以解释其相似性的交互或通信的可能性，但是这些规则是同时适用于《周易》和伊萨系统的，由此可以合理地看到，相同结构元素的视觉外观，可能反映了人类大脑处理和组织信息的方式。

王肇宗《周易图》中关于《周易》卦序结构的思想

　　王肇宗的《周易图》，① 大部分是六画卦的手绘图形排列，以及作者对其意义的解释。这些图像一起提出了《周易》六十四个六画卦序列结构的解决方案，通过从由邵雍(公元 1011—1077 年)引入儒家传统的"先天方图"的 8×8 的六画卦矩阵中识别出的几个六画卦组，他指出有意义地部署在《周易》中的六画卦序列也是如此。王肇宗并未提及邵雍或其他更早的学者,② 或在他以前研究过这个问题的学者,③ 但他假设了先天方图传自圣王伏羲，方图在历来被视为《周易》卦序设计者的周文王以前就已经流传于世，王肇宗说："先天方图，文王序卦之根也。"④

　　据我所知，除了我在《卦序学》中的尝试之外，只有王肇宗是采用这

---

　　① 王肇宗. 周易图[M]. 道光九年光华斋刻本, 1829. 王肇宗在"跋言"末尾记"时道光九年岁在己丑四月十五日戊寅旦甲子朔"，书末附有"京都光华斋穆姓镌"字样。孙殿起的《贩书偶记》曾提及该书，其言曰："《周易图》一卷《续编》一卷，金陵王肇宗撰，道光己丑王氏精刊。"笔者所见，当与孙殿起所见为同一版本，目前暂时未见其他版本，也未见对该书的研究与引用。《道藏》中曾收录三卷题为《周易图》的作品，参见《道藏》(第 3 册)[M]. 北京、上海、天津：文物出版社、上海书店、天津古籍出版社, 1988：131-164.

　　② 朱熹在《周易本义》的注解中说邵雍的图像传自道士陈抟(公元 989 年过世)。参见朱熹. 周易本义. 朱子全书(壹)[M]. 上海、合肥：上海古籍出版社、安徽教育出版社, 2002：22. 由于朱熹对邵子的 8×8 六画卦矩阵的兴趣，该图曾被收入《周易本义》的大部分版本中，其中包括用于科举准备的正统文本。

　　③ 除了"郑氏的后天说"之外。笔者无法确定这是指哪一位姓郑的。王肇宗. 周易图[M]. 道光九年光华斋刻本, 1829：52a。

　　④ 王肇宗. 周易图[M]. 道光九年光华斋刻本, 1829：23a。

种方法分析《周易》卦序问题的。① 他的研究完全基于《周易》，首先是所谓"十翼"的儒家解说，然后是邵雍的"先天方图"。王氏的分析确定了一个整体结构，在其中，七种爻性相反的六画卦组被置入《周易》卦序中，然后他指出，这种位置安排反映了八个六画卦组在 8×8 方图中的对称编组。

以下，我将用从《周易》卦序中拟构出来的统一视角来展示王肇宗的卦组类型。② 需要注意的是，王肇宗并未使用统一视角，但提出了附有他的类型学注释的六画卦序列（见图 4-16），我则将王氏的观察转换为更容易理解的图示（见图 4-1）。根据统一视角，八个对卦各为一个统一位（在图 4-1

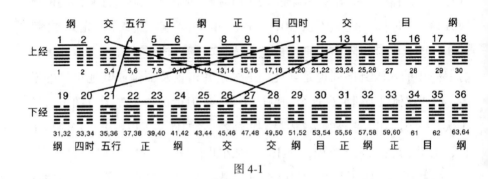

图 4-1

的每一行卦组中，上面一行数字表统一位数，简称"S"；下面一行数字表六十四卦，简称"H"），即 S1、S2、S15、S16、S17、S18、S34、S35。另五十六个卦，两两成对，前一卦反转即成后一卦，取前一卦代表一个统一位，如 H3 和 H4 互为反卦，以 H3 代表 S3。这样就得出了一个重排六十四卦的更简洁图形。在统一视角中，上、下经是各含十八个统一位的线性序

① Larry J. Schulz. Hexagrammatics：Rules and Properties in Binary Sequences［M］. Atlanta：Zizai，2016. 本书中《先天方图和〈周易〉卦序共享卦属性和位置规则》一文是对该著主要内容的翻译。

② 统一视角是笔者在《〈易经〉卦序中的结构性因素》一文中讨论并提出的观点。参见 Larry J. Schulz. Structural Elements in the Zhou Yijing Hexagram Sequence［J］. Journal of Chinese Philosophy，2011，38(4)：639-665.

列，它们揭示出上下经子序列中的平行位置特征。这样，横向来看，S1、S2 和 S5、S6 代表的是王氏用"纲""正"等适用于多个对卦或反卦组的术语所指的内容；S11 和 S20（"四时"）、S4 和 S21（"五行"）是王氏称作"交"（跨经对卦）的特例。

王肇宗使用"纲"和"目"这两个词——纲是网的主线，目是网的辅线——来表示卦序列中的关键位置。"纲目"这一合成词最初表示"基本要素"或"纲要"的意思，王氏则用"纲"表示主要观点或主标题，用"目"表示次要观点或副标题。他指定十六个六画卦为"纲"，八个六画卦为"目"。另外，崔述和沈有鼎也把这十六个被视为"纲"的六画卦作为《周易》卦序中的关键节点。① 崔述用"纲领"一词来描述十六个王肇宗用"纲"指称的六画卦，用"条目"来说剩余的四十八个六画卦。② 沈有鼎将这十六卦称为《周易》卦序列的"骨构"。③ 这三个人都曾批评早期学者未能看到这种结构。崔氏说他们过于专注于语言意义，看不到视觉结构。沈氏说："其序卦也，用建构原则（Principle of Architectonic）而不用平等原则（Principle of Continuity），是以义味深长。后世儒者多不能晓。"④ 在沈氏看来，后世儒者多被贯穿于卦序列中的假设的平等原则的信念所蒙蔽，而沈氏认为卦序是建构的，也就是说，是围绕内在于卦爻图形的特性来建构的。

虽然崔述的《易卦图说》比王肇宗的作品早了五年，但是王氏似乎并没有注意到崔氏的研究。沈有鼎没有提到王氏，但他在那篇论文的草稿中提到他熟悉崔氏的著作，他说："予初创此说，以为前人所未发，近读崔东

---

① 参见《卦序与解卦理路》第一章第三节，李尚信. 卦序与解卦理路[M]. 成都：巴蜀书社，2008.
② 崔述. 易卦图说. 崔东壁遗书[M]. 上海：上海古籍出版社，1983：673.
③ 沈有鼎. 周易序卦骨构大意. 沈有鼎集[M]. 北京：中国社会科学出版社，2006.
④ 沈有鼎. 周易卦序分析. 沈有鼎集[M]. 北京：中国社会科学出版社，2006：273.

壁遗书易卦次图说，乃与予说不谋而合；由是知客观真理，非一人之言。"①和王肇宗的做法一样，沈氏主要基于三画卦组成情况，来继续讨论十六个"骨构"卦之外的四十八个六画卦的卦序位置。虽然三人所持关于《周易》卦序结构的观点相同，但是只有王氏将"纲目"或"骨架"与邵雍的"先天方图"联系起来了。

王肇宗还确定了"正"类型卦，即某个六画卦与其相错卦都处在同一子序列中的直线相错卦，如都出现在上经的 S5：H7 和 S8：H13。这类卦，在《周易》上经和下经的两个子序列中各有八个。同时，王氏还确定了"交"类型卦，即某个六画卦与其相错卦分处于不同的子序列中的跨经相错卦，如分别出现在上经的 S3：H3 和下经的 S28：H49。这类卦，也是上、下经各有八个。王氏把另外八个六画卦视为分属上、下经子序列的两个特例，并将其标记为"五行"和"四时"。

"经"字原本是指编织布的经线，后来引申指"经典"，如《易经》的经。王肇宗选用来指称那些关键六画卦类型的术语"纲"和"目"，就反映了这种纺织形象，上经和下经被设想为两组经线，它们以"直线"运行，并交叉跨越，形成一个网格图案。王氏说："目象经纬，所以组织二气也。"②通过这种方式，卦序列本身就具有或就是一幅图像，而王氏认为只有他发现了这一点，他说："古未有以卦序之象言之者。"③

这个由纲目结成的整体意象通过构成每个六画卦的三画卦——即从初爻至三爻的下三画卦和从四爻至上爻的上三画卦——来充实。八个三画卦两两相重，被系统地排列在先天方图中，王氏大量运用《十翼》之《大象》传的文本来支持他的分析。然而，他的卦序解决方案可以被理解为，仅参考了三画卦和六画卦的特性。王氏所见的《周易》卦序中的三画卦分配意义，关键在于对卦的完整性和反卦的可变性。乾（☰）、坤（☷）、坎（☵）、离

---

① 沈有鼎. 周易序卦骨构大意. 沈有鼎集［M］. 北京：中国社会科学出版社，2006：272.

② 王肇宗. 周易图［M］. 道光九年光华斋刻本，1829：14a.

③ 王肇宗. 周易图［M］. 道光九年光华斋刻本，1829：1a.

(☷)是对卦,无论从底部往顶部,还是从顶部往底部,所看结果都一样。震(☳)、艮(☶)、巽(☴)、兑(☱)都是反卦,震(☳)若反转就变成艮(☶),巽(☴)若反转就变成兑(☱)。王氏认为,对卦是元素性的:☰为天,☷为地,☵为水,☲为火。他说:"上经以天地为主,下经以水火为主。"①

转向邵雍的方图,王肇宗用六十四卦的卦名,如图 4-2 的右图所示,按 8×8 矩阵排列出一个直观图形。我将它及其他图形转换成线性卦图(如图 4-2 的左图)。②

图 4-2

王氏继续逐条列出他的类别,第二幅图形,如图 4-3 所示,展示了他视为"纲"的十六个六画卦,它们出现在邵雍先天方图的对角线上。

有了这些"纲"卦,形成先天方图对角结构框架的分组也作为框架被分

---

① 王肇宗. 周易图[M]. 道光九年光华斋刻本,1829:22a.
② 王肇宗. 周易图[M]. 道光九年光华斋刻本,1829:23b-27. 杨方达《易学图说续闻》在一系列与王氏相似的图像(12a-26b)中,分析了邵雍的先天方图中六画卦的关系。像杨氏一样,王氏使用了六画卦的卦名而不画出线性的卦。

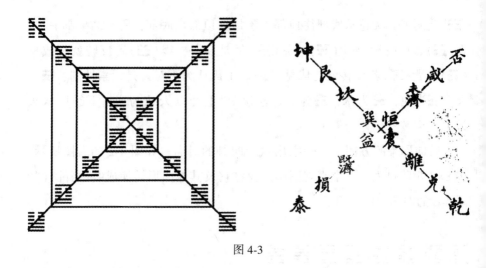

图 4-3

布在《周易》卦序中。正如崔述和沈有鼎都观察到的那样，① 在《周易》卦序中，如图 4-4 所示，这些王氏称为"纲"的六画卦，被不同的卦组隔开，有

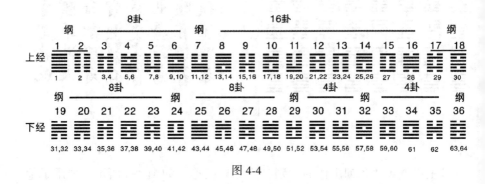

图 4-4

---

① 崔述和沈有鼎都把《周易》结构设计者的选择建基于"应爻"性，与邵雍对角线的相错关系一样。"应爻"指初爻与四爻、二爻与五爻、三爻与上爻之间的爻性相反关系。S36：H63(䷾)在所有爻位相"应"：初、三和五爻都是刚爻，二、四和上爻都是柔爻。H11、H12、H31、H32、H41、H42、H63 和 H64 都共享这种"应爻"性。其他"纲"卦是八个像乾(☰)或坤(☷)这样的三画卦自重卦，它们并没有应爻位。全应和全无应的卦占据了先天方图的对角位。

间隔四个卦的（H53—H56 和 H59—H62），有间隔八个卦的（H3—H10、H33—H40 和 H43—H50），还有间隔十六个卦的（H13—H28）。

如图 4-5 所示，王氏进而区分了大纲和小纲两种类型："大纲"是位于 S1、S2、S7、S17、S18 和 S36 的八个六画卦，这些卦都由三画对卦乾（☰）、坤（☷）、坎（☵）、离（☲）的不同组合构成，要么像 S1、S2、S17、S18 那样由以上四个三画卦自重而成，要么像 S7 和 S36 那样由乾（☰）与坤（☷）、坎（☵）与离（☲）交叉相重而成，这些"大纲"卦都与它们的相错卦成对、相邻（在统一视角中，S7 包括两个六画卦 H11☷☰和 H12☰☷；S36 包括 H63☲☵和 H64☵☲，H11 和 H12 既相综又相错，H63 和 H64 也是如此）。八个"小纲"类型的六画卦，两两作为相综卦组，其间保持一定间隔构成相错关系：S19（H31☱☶和 H32☳☴）跟 S24（H41☶☱和 H42☴☳）相错，S29（H51☳和 H52☶）跟 S32（H57☴和 H58☱）相错。"小纲"由震（☳）、艮（☶）、巽（☴）、兑（☱）四个三画反卦组成，S29 和 S32 是它们自相重而成，S19 和 S24 是相错的三画卦相重而成。

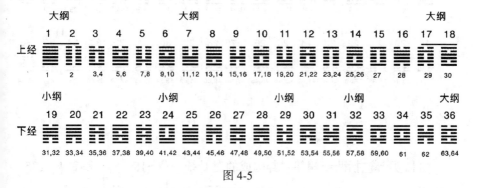

图 4-5

在随后的图形中，如图 4-6 所示，在先天方图中，王肇宗所指定的"目"卦都处于由中心而外的第三个圈层（共四层）中。

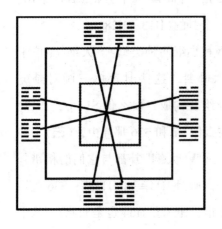

图 4-6

在统一视角中，如图 4-7 所示，这些卦被间隔开来。

图 4-7

"目"类卦包括两组相邻对卦构成的对卦统一位 S15、S16 和 S34、S35，以及两个反卦统一位 S10（H17▦和 H18▦）和 S30（H53▦和 H54▦）。与"纲"卦组不同，构成"目"类卦的都是三画反卦。如图 4-8 所示，"目"类六画卦的位置分别趋向于所处子序列的末端，上经中的两"目"之间隔着八个六画卦，下经中的两"目"之间隔着六个六画卦。在先天方图中，同一子序列中的"目"类六画卦并置在由内而外的第三圈层中。上经的 H17 与 H28、

H18 与 H27 分别配对，下经的 H53 与 H62、H54 与 H61 分别配对。纲和目的结构共同保持了以二为基数的卦间距，这种间距也见于上文"纲"类卦的图示中。

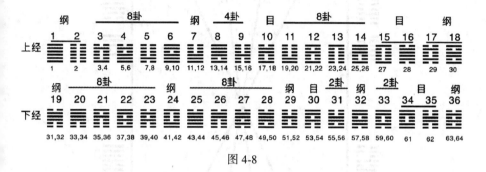

图 4-8

"正"类型六画卦的相错关系发生在相同的《周易》子序列，上经或下经。如图 4-9 所示，王氏在先天方图的外圈展示了上经中的这类六画卦（用方框标出的卦）。

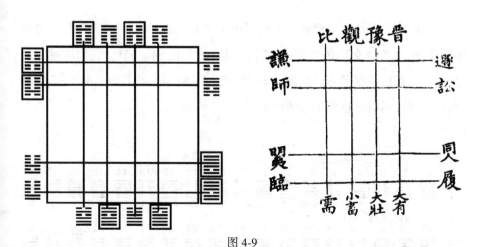

图 4-9

事实上，如图 4-10 中顶部和底部的八个卦那样，这些六画卦的相错卦见于先天方图的对角线上。

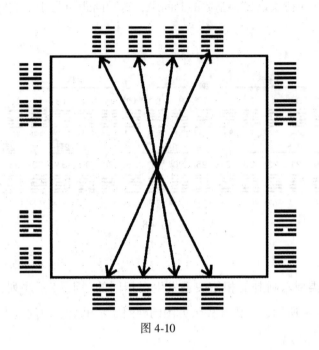

图 4-10

借助统一视角可以看到，王氏用图示把上经的直线相错卦("正")与两组跨经相错卦("交")的特例——即《周易》统一位 S4、S21，它们跨越先天方图——直接关联起来。如图 4-11 所示，S4 和 S11 把上经中的"正"类卦夹在中间，同时连接到下经的同类卦。

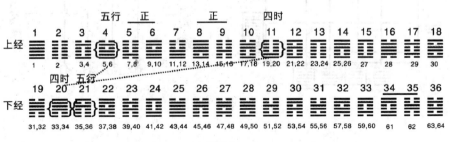

图 4-11

我要额外强调的是，在图 4-12 中，王肇宗突破了"五行"关系：王氏将"五行"卦（S4：H5 和 H6）连接到与之相邻的"正"类型卦（S5：H7 和 H8、S8：H13 和 H14）上了。"五行"统一位 S4 的相错卦 S21（H35 和 H36）虽跨在下经，但王氏把它们看作与上经相关的，这部分是因为它们出现在先天方图外圈的二十八个六画卦中。不过，"五行"类卦组的三画卦构成情况更能说明 S21 被归入图 4-12 的原因，它们都由乾（☰）、坤（☷）、坎（☵）、离（☲）相重而成。乾（☰）和坤（☷）是王氏的上经之"主"，上经的 H7 与 H8 由坤（☷）、坎（☵）相重而成，H13 与 H14 由乾（☰）、离（☲）相重而成。在"五行"类卦的位置安排中，也应用了乾（☰）、坤（☷）为上经之主的思想，H5 与 H6 由乾（☰）、坎（☵）相重而成，H35 与 H36 由坤（☷）、离（☲）相重而成。基于相似的思维方式，"四时"类卦 S11（H19 和 H20）由☷和☵、☲相重组成，S20（H33 与 H34）由☰和☲、☷相重组成。在王氏的思维中，天地属于上经，这种被认可的优先性再次产生影响。

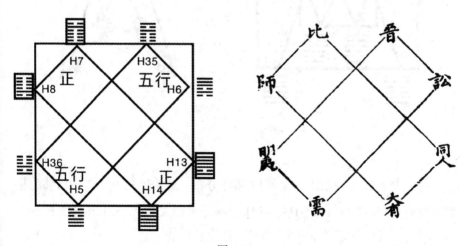

图 4-12

然而，王肇宗把那些由☰和☷构成的其他的卦（如 S13：H23 与 H24，S25：H43 与 H44）放到"交"类型中，并将其解释建立在三画反卦，而不是三画对卦的基础上。⚏和⚎为阳、似天,① 这说明了 S13：H23 与 H24 位于上经的原因；⚌和⚍为阴,这说明了 S25：H43 与 H44 位于下经的原因。② 如果我们关心的只是视觉的分组,而不是释图的论说,那么可以指出,上经"正"类卦被一对"五行"类卦和一对"四时"类卦夹在中间,同时有一对"纲"(S7)"目"(S10)结构的卦穿插其间。从这个角度来看,先天方图中的卦位结构也被组合到《周易》中,这个命题是可信的。

如图 4-13 所示,下经的八个"正"类卦聚集在先天方图的中间位置。

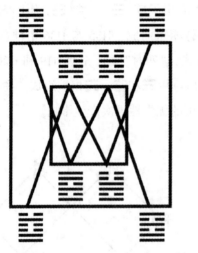 

图 4-13

这些卦在统一视角中如图 4-14 那样分布：S22 和 S23 是唯一相邻的相错卦统一位(H37 与 H40、H38 与 H39 都是相错关系)。S31 和 S33 被一个"纲"类统一位分开,上经"正"类统一位也是如此。

王肇宗把剩下的十六个六画卦放在他的"交"类卦组中,它们的关键是下经连续的四个统一位 S25—S28,上经相应的三个统一位 S12—S14 也是

---

① 据传统的说法,二阴一阳的三画卦为阳,二阳一阴的为阴。

② 王肇宗. 周易图[M]. 道光九年光华斋刻本, 1829：21b.

连续的，加上 S3 和 S28 的对应，它们跨越上、下经的子序列，逐一相对。

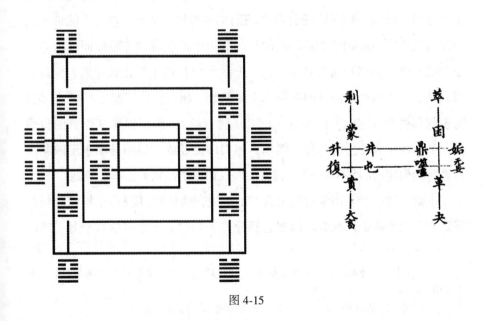

图 4-14

王氏注意到，上、下经中的"交"类六画卦全面包含了三画对卦☳、☶、☵、☲(在上经中，S3 含☵，S12 含☲，S13 含☶，S14 含☳；在下经中，S25 含☲，S26 含☵，S27 含☶，S28 含☳)。在上经中，这些三画对卦与三画反卦☳、☶组合；在下经中，这些三画对卦与三画反卦☶和☳组合。如图 4-15 所示，在由三画卦定义的先天方图的行和列中，这些组合造成了它们的对称布位。

图 4-15

"交"类卦中三画对卦和三画反卦的组合使它与"五行"类和"四时"类

卦区分开来。① 那两类和这一类一样，都需要上、下经六画卦成员的相应性，所以出现在先天方图外圈的四个六画卦（夬、姤、萃、升）虽被王肇宗在上经中识别出来，但在《周易》卦序中被安排在下经中。

图 4-16②

总而言之，王肇宗的六个分组（图 4-17）允许他提出在《周易》中放置每个六画卦的理由。相比之下，更早的解释《周易》卦序的尝试③都指出了卦形互相反转的反卦组的一致位置，并且都看到了对卦组的规则定位以及两个子序列末端的三画卦坎（☵）和离（☲）的重要性。然而，没有人能够提出一个与王氏在对有相错关系的六画卦的分组中所呈现的一致性同样奏效的主题统一性。崔述和沈有鼎确定了王氏称为"纲"的主要建筑元素，但没有找到其余四十八个六画卦的规则列举的函数。相反，他们都把"纲"类卦视为引领那些介入它们之间卦的"主"卦（沈有鼎），而在解释其他卦的位置时，又杂糅了各种传统解释。例如，他们用上经或下经的排序来反映某种六画卦的假定（虽然不是一贯证明）性质，如以上经象天、下经象地。

王肇宗进一步利用他对先天方图的解说，将他对《周易》结构的分析扩展到所有六十四个六画卦。他把它们分成了几组，每组包括八个卦，即四

---

① "五行"类卦由三画对卦相重而成，"四时"类卦由三画反卦与三画对卦乾、坤交叉相重而成。

② 王肇宗. 周易图[M]. 道光九年光华斋刻本，1829：3a-5a.

③ 例如，《周易传义大全》中署名程颐的文章"上下篇义"。该文的主要内容是参照传统的阴阳男女三画卦的联想，并不重视六画卦的卦爻结构。来知德在他的《周易集注》中以同名的"上下篇义"的文章试图在结构方向上进一步发展。

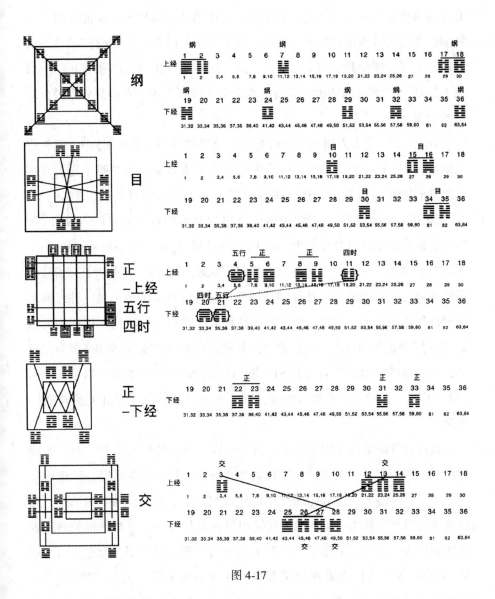

图 4-17

个卦及其相错卦。在他看来，在《周易》和先天方图中，这些分组都起着结构性的作用。十六个"纲"类六画卦，有八个"大纲"和八个"小纲"；此外，还有八个"目"，上下经各有八个"正"、八个"交"，而"五行"和"四时"类卦加起来也是八个。① 因此，他既能有效地确认结构原理，又能在将它们捆绑分类时有效确认其中的一致性。他坚持认为所有四个"五行"类六画卦都属于上经，即便其中两个出现在下经。然而，尽管"五行"和"四时"类卦只不过是"交"类卦的特例，王氏仍然成功地将六十四个六画卦分为最少数量的类型。

在上一篇《先天方图和〈周易〉卦序共享卦属性和位置规则》中，笔者得出结论："三十六个《周易》统一位中的三十个或多或少地参照了先天方图中出现的属性。"与王氏一样，我也提到了先天方图的对角线（图3-9、图3-15和图3-16），和先天方图中四个方格的对称的对卦关系的六画卦（图3-6）。我也注意到自相反反卦（图3-22）和《周易》统一位S25—S28——王氏的"交"类卦——这一系列的重要性（图3-28）。然而，我强调了交错放在邵雍先天方图外圈的十二月卦（消息卦）。这种像日晷的图示是一种经典的解释性的比喻用词，王氏未曾论及。这种方法将我导向取代王氏所用的诸如"四时"卦这样的概念。我也把对卦和相关反卦构成的"骨构"视为完整的，不过这些"骨构"中包含着S11和S13这样表征时节的卦，以及S29和S32这样由三画反卦自重而成的卦，而不是王肇宗的自成对卦关系的"目"类卦。

通过这样的解读，邵雍先天方图中的四种基本卦类涉及了《周易》卦序的深层结构。崔述、王肇宗、沈有鼎和我通过各自独立的研究，殊途同归地揭示了一种潜藏在《周易》卦序中的建筑"骨构"，在其他易学领域中，这使卦序凭借自身成为一幅图像，这幅图包含着与每一个六画卦相关的语言所述的图像。此外，王肇宗和我的分析并行发展，恰如其分地证明了《周易》卦序与先天方图有着深层关联这一主张的可靠性。王肇宗最后认为，《周易》卦序的创造者周文王按一个反映了他在先天方图中所看到的结构的顺序排定了六十四卦的序列。邵雍的著作并未明示他是否认为文王从他的方图中获取了灵感，后来的学者，如赞同邵雍图形的朱熹，没有发现先天

① 王肇宗. 周易图[M]. 道光九年光华斋刻本，1829：16a.

方图早于 10 世纪的踪迹。王肇宗没有质疑把先天方图归属于邵雍所暗含的时代错置，但他与前人一样，显然相信这样的先天方图源自开启中国文化的圣王伏羲，因而可供两千年之后的文王使用。尽管如此，《周易》卦序在呈现信息的丰富层次时所具有的复杂效率表明了，与具有二进制数性质的图像相结合的复杂文化可能产生出许多其他的视觉图像，① 邵雍重新发明了其中一个，即他的先天方图。而那些像王肇宗这样跟随他的人，参考邵子的图表来仔细思考《周易》卦序列，可能也重新发现了《周易》设计师所可用并用于其中的概念，同时也可能被其间一代又一代人所迷惑。

① 《周礼》提到了两种源自夏朝和商朝的其他卦序，始于坤卦的《归藏》和始于艮卦的《连山》，它们先于周朝文王的卦序，宫廷筮人把它们和《周易》一起使用，其书已佚，只有一些推测性的片段传世。《卦气图》与孟喜(公元前 2 世纪)有关，是一个按季节顺序排列的六画卦手册，曾被长期使用。另一个保存于汉代早期、源头不明的传统卦序是"八宫"方阵，广泛见用于《火珠林》的占卦。

《周易》卦序结构中的三层意义

在前文中，笔者指出了《周易》和"先天方图"卦序列位置明显的结构规则，并按照这些规则推导了六画卦固有的属性。由此可以看出《周易》卦序是一个多层次的结构，其中任何卦都可以参与几个不同的分组。这篇文章将逐层探索卦序结构，并继续探讨其中剩余的一些特定位置安放的可能过程及其原因。

我的研究表明，《周易》卦序作者——无论是传统所说的周文王还是一些不为人知的人——先决定将互为反卦的两卦视为单个单位，并创建了一个由三十六个单位组成的统一序列。这三十六个单位是笔者所主张的统一视角的统一位。卦序作者的第二个决定是建立上经和下经这两个子序列。据说在西汉孟喜之前已使用上下经之名，① 不过，《汉书·艺文志》只说文王"重易六爻，作上下篇"。

上、下经这样的子序列概念是理解卦序作者思想的根基，这个二元除法为卦序中表达的其他二元关系——如奇偶数、阴阳净爻计数、阴阳三画卦考虑等——提供了基础，在这些关系中，"上"与阳、先、奇数相关联，"下"与阴、后、偶数相关联。这些区别为两个子序列中的位置赋予了一些基本含义，这些含义隐藏于被摆放在那些位置的卦中。因此，卦本身只是数字，开始获得可以用口头表达的意义。有上、下经子序列的概念之后，

---

① 《周易正义》卷首云："第八论谁加经字。但子夏传云虽分为上下二篇，未有经字，经字是后人所加，不知起自谁始。案前汉孟喜易本云分上下二经，是孟喜之前已题经字。其篇题经字虽起于后，其称经之理则久在于前。"孔颖达. 周易正义. 阮元校勘. 十三经注疏[M]. 上海：上海古籍出版社，1997：11.

卦序作者就试图根据阴阳联想来建立一个有序的完整的三十六个统一位。我假设他通过对许多可能的方案进行实验来做到这一点，而对今本卦序的分析表明他可能通过三个层次的结构完成了统一位设计。

《周易》卦序结构中的第一层意义是崔述、王肇宗、沈有鼎和李尚信等所认为的潜存于《周易》卦序结构的"纲领""纲目"或"骨架"。[①] 笔者同意这些基本的深层结构，它们也包括在统一视角的十二个统一位中。如图5-1所示，这十二个统一位，包括十六个六画卦，上经和下经各有八个，其中有八个对卦和八个全应的反卦。在这些统一位中，有三个统一位卦的阳爻与阴爻之比为3∶3，即中性的；其他八个卦可以根据净爻计数将它们分类为阳卦(+6、-4或-2)或阴卦(-6、+4或+2)，阳卦都放在奇数位，阴卦都放在偶数位。因此，阳奇阴偶的一般规则在第一层中已经形成了，并且通常在随后的位置安排中被应用。由于这些统一位以对卦相邻配对，每一对都表现出精确的净平衡，+6和-6，-2和+2，这为另一条规则提供了范例。总之，第一层已经采用了《"互体"卦与〈周易〉卦序的第四层结构》文末附录中"《周易》卦序的六画卦排序规则"的前十一个规则。

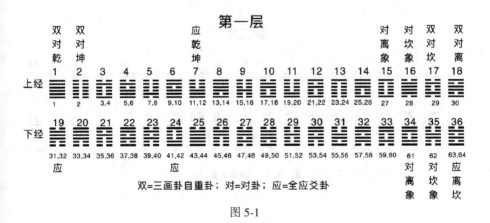

图 5-1

第一层使用的是表示完整性的卦：全应交性卦、八个对卦或有取于三

---

① 见本书《王肇宗〈周易图〉中的关于〈周易〉卦序结构的思想》一文。

画卦坎离之"象"的六画卦，它们都处于完美的阴阳平衡状态。以上十二个统一位中的十个涉及四个三画卦自重卦（S1、S2、S17、S18）或其"象"（S15、S16、S34、S35、S7、S36），其他两个（S19 和 S24）是一对相错且全应爻的反卦统一位，这使得下经的开始和结束都有全应爻卦，而上、下经的第十一个和第十二个六画卦也都是全应爻卦。这样，第一层的建筑是元素性的，它起着固定卦序列位置规则和定义相应卦属性的重要作用。也可以说，上经是最完整和一贯的。下经以得坎、离之象的对卦组和具备内离外坎三画卦结构的 S36 结束，这些都是模仿上经的结果。

易学家多半根据《周易》的《序卦》传而认为上经属天。对于上经的乾、坤二卦，《序卦》曰："有天地，然后万物生焉。"而对于下经之首的咸卦则说："有天地然后有万物，有万物然后有男女。"如此，上经象天，下经象地上的人事。沈有鼎也认为："上篇象天而圆，下篇法地而方。"[1]

《周易》卦序结构中的第二层意义，如图 5-2 所示，包括两个三画卦自重卦（S29、S32）和四个将 S1、S2 和 S7 等消息卦统一位纳入其间的反卦统一位（S11 与 S13、S20 与 S25）。

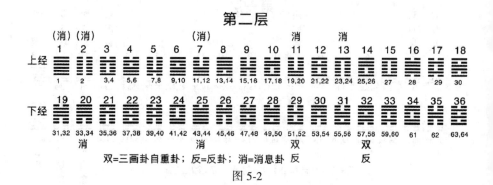

图 5-2

S1、S2 和 S7 已被计入第一层的对卦和全应爻卦中，这也证明卦序作

---

① 沈有鼎. 周易卦序分析. 沈有鼎集［M］. 北京：中国社会科学出版社，2006：273.

者如何使用个别统一位来达到众多的目的。同时，他继续遵循阳卦居奇数位、阴卦居偶数位的规则，尽管在 S25 中引入了一个例外。消息卦统一位从 S13、S11，经过 S7、S2、S1，环绕上、下经至 S20 和 S25，这就构成了通过时间运动的形象。此外，它们和 S29、S32 中的三画卦自重卦一起，在包含《周易》卦序的最早出现的文本《易林》所使用的"卦气图"中，都与季节性相关联。因此，第二层为《周易》卦序增加了运动感，加入了时间和季节的形象。第二层在第一层的固定舞台上演出，四时在天地之间流行。如同第一层那样，第二层结构也是上经引领下经的，它以消息卦统一位显著指向三画卦自重卦 S29、S32 的特征，构成了上、下经的平行关系。

将以上的两个层叠加在一起，就产生了一个如图 5-3 所示的深层骨架，两组肌肉将它们充实为一个整体。

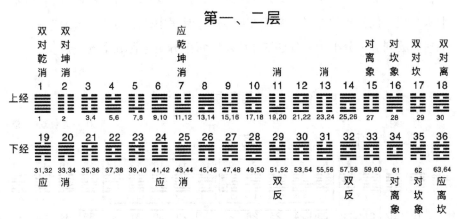

双=三画卦自重卦；对=对卦；反=反卦；应=全应交卦；消=消息卦

图 5-3

如果将全应交统一位 S24 和消息卦统一位 S25 的属性组合在一起，那么它们将跨越下经，呈现出与上经 S7 的并行特征，因为统一位 S7 既是全应交卦，又是消息卦。这个例子表明，统一视角在统一位和六画卦之间的灵活性。如来知德所指出的，S7 代表着上经的第十一个和第十二个六画卦。虽然在统一视角中 S25 与 S7 平行，但是 S24 实际上才是下经的第十一个和第十二个六画卦。因此，这两个卦序的特征都可以从统一位和六画卦两个角度予以解释。此外，如果 S13 处于 S14 的位置，或 S31 与 S32 易位，那么这两个统一位将精确平行。然而，即便只需一次位置交换即可实现完全对称，卦序作者却并未如此选择。这迫使我们牢记序卦作者利用了模仿大自然的"证明规则的例外"的规则，这证实了以交叉运用不同卦属性群集的模式来展示卦序的战略性安置意图。在设计骨架时，卦序作者使用了四个六画卦集——对卦、全应交卦、自重反卦和消息卦——的所有成员。他又自觉地强制采用了先乾坤、后坎离的三画卦规则，沿着十八个统一位的子序列均匀地把它们间隔分布，并将它们平行地放在上、下经中。由此就会欣赏到沈有鼎所说的"井然森然杂而不乱"的秩序感。①

前两层意义所构成的深层骨架已经包含了三十六个统一位中的十八个，上、下经各含九个，其卦序规则已经确定，现在仍有待解释的是其余十八个统一位分布的方式。笔者在《〈易经〉卦序中的结构性因素》中，已经将它们放到五个分组中，如图 5-4 所示，每个分组包含五个统一位。

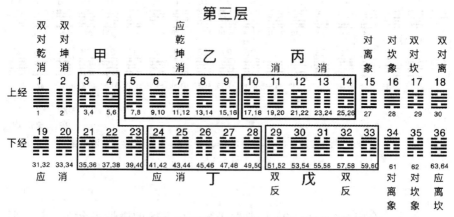

双=三画卦自重卦；对=对卦；反=反卦；应=全应交卦；消=消息卦

图 5-4

---

① 沈有鼎. 周易卦序分析. 沈有鼎集［M］. 北京：中国社会科学出版社，2006：273.

其中最清晰的结构是乙组。如图 5-5 所示，它包含十二个五阴一阳或五阳一阴的六画卦中的八个。其他两个这类统一位是在上述第二层放置的消息卦 S13 和 S25。乙组中间又有由三画卦乾、坤组成的消息卦和全应爻统一位 S7。

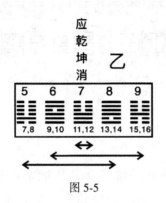

图 5-5

围绕 S7 的四个统一位卦回忆了在消息卦系列中围绕乾卦的阳爻增、减主题。不仅如此，这套统一位包含着五组相错卦，其中四组分布在 S7 左右，将 S7 包裹在中间，而 S7 所包含的六画卦 H11、H12，都是三画卦乾、坤交叉相重而成，又彼此相错的卦。

统一位卦 S5 和 S8 直接相错，S6 和 S9 的相错没那么直接，但 H9 与 H16、H10 与 H15 是两两相错的。这些统一位如此安排，说明了在阳奇阴偶规则之外，还有一个以前没有讨论过的"阴随阳"的变例。包含一个阳三画卦(三阳或二阴一阳)或一个阴三画卦(三阴或二阳一阴)的统一位，共有十六个。其中的十一个(占 69%)阳三画卦位于六画卦的下半部分。因为最下一爻以"初"为名，下面的三画卦应该是先被安置的。在其余五个这样的统一位中，阴三画卦在下，它们如同一面镜子，照射着这些统一位卦的相错卦(见图 5-6 中的箭头)。其中一个例外是 S36，它的两个六画卦既相综又相错，且在前代表统一位的 H63，初、三、五为阳爻，二、四、上为阴爻，是所有卦中爻位全正、爻性全应的六画卦。因此，卦序作者决定在乙组放弃他的"阴随阳"规则，来强调反卦统一位中相错概念的重要性。

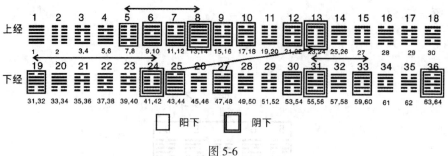

图 5-6

如图 5-7 所示，乙组统一位符合阴阳奇偶和以净爻计数配对的规则，因为净爻计数为零的统一位 S7 位居其间，所以 S8、S9 的位置与其前 S5、S6 相反。

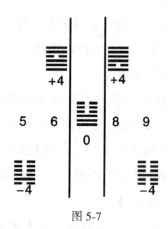

图 5-7

为什么 S6 与 S8，或 S5 与 S9 的位置不能互换？目前还没有明显的理由可以解释这一点，一种可能性是，卦序作者把对卦配对相邻放置以后，想要在反卦统一位上避免放置两两相错的统一位。在卦序的二十八个反卦统一位中，只有 S22 和 S23 这一个例子，是以一个反卦统一位卦和另一个反卦统一位卦的综卦之间相错而并置的。① 为了实现这种分离，卦序作者可以选择今传本的卦序，或者是反向，如 S9、S8、S7、S6、S5。在下文中，我还将说明 S5 的位置可能归因于它含有三画坎卦，以解释卦序作者的决定。

戊组似乎模仿了乙组的结构。如图 5-8 所示，像乙组的 S7 一样，反卦统一位 S30 的两个卦也彼此相错，它被放置在戊组中，并且像 S5 和 S8 一样，统一位卦 S29 与 S32、S31 与 S33 是相错的。如此，这些统一位也包括在上文提出的"阴随阳"规则的例外之中。

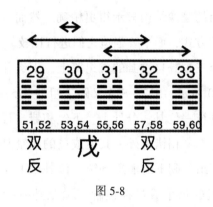

图 5-8

这里的上、下经并行与阴阳奇偶规则相结合确定了 S29 和 S32 的定位，而净爻计数为零的统一位介入它们之间，戊组也反映了上经中乙组建立的模式。S30 和 S31，与 S12 一样，是中性统一位，它把第二层中兼具消息卦和三画卦自重卦特征的 S29 与 S32 分开。S31 和 S33 的位置好像可以互换。然而，如图 5-9 所示，S33 是另一个独特的统一位卦组的成员：S32、S33 和 S34 形成一个之卦集。

① 从六画卦的视角，除了 S7、S10、S30 和 S36 的成员六画卦自相错之外，S22：H38 和 S23：H39 是唯一相错且并置的六画卦。

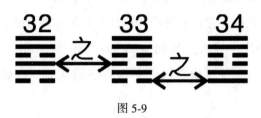

图 5-9

在统一视角中，其他相邻的之卦统一位只有 S19 和 S20，它们在下经的另一端。中性的 S30 和 S31 似乎也可以交换位置。若交换的话，戊组与乙组中央位置的统一位所包含的两个卦就都是既相综又相错的，也是中性的，这会使那两个组的镜像结构显示得更精确。然而，卦序的作者似乎更喜欢微妙的、暗示的方式，而不要强迫它们进行比较。

丙组与包含两个三画卦自重卦的戊组跨上、下经并行，并具有领导戊组的作用，如图 5-10 所示，S12—S14 又跟丁组的 S25—S27 发生关联，它们是三组相错的反卦统一位卦，分处上、下经相错，且连续排列。除了统一位 S10 的两卦既相综又相错之外，其他成员的相错卦伙伴都在下经，而四个中的三个处在丁组。剩下的消息卦统一位卦 S11 与另一个消息卦统一位卦 S20 相错。丁组的每个成员都包含三画兑卦——S24 的内卦，S25—S29 的外卦。统一位卦 S25—S29 的内卦依次为三画卦乾、坤、坎、离，而它们的顺序与上经由三画卦自重而成的六画卦乾、坤、坎、离一致。在丙组中，S10 和 S11 也是包含三画兑卦的统一位卦，而在包含三画兑卦的十个统一位卦中，七个都在丁组和丙组中。其他包含三画兑卦的统一位卦 S16 和 S34，是按照对卦规则定位的，而 S19 则是下经开头的全应爻统一位卦。丙组也有三画震卦的焦点：每一个统一位都涉及三画震卦，H17、H21、H24、H25 都包含三画震卦，除了 S13 之外，S10、S12、S14 的三画震卦都是显示在统一位卦中的。统一位卦 S11 二阳在下、四阴在上，有三画震卦一阳下二阴的大"象"。如此，丙组、丁组都强调了特定三画卦在反卦统一位中的影响。

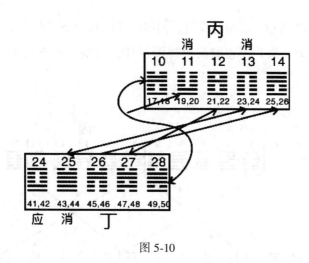

图 5-10

　　丙组和丁组的净爻计数受到了上、下经阴阳技术不平衡因素的影响。如图 5-11 所示，从统一位的爻数总计来说，上经多四个阴柔爻，使五阴一阳的 S13 缺乏五阳一阴的统一位与之配对，这是净爻计数配对规则的唯一例外。S25 是阴卦在奇数位，S24 是中性卦在偶数位，它们是阳奇阴偶规则的唯一例外。这些例外情况，使得 S13 和 S25 作为消息卦循环之头尾的角色得以突出和被关注，而这种引起人们注意的方式，因为例外，表明卦序作者认为它们是卦序的支点。

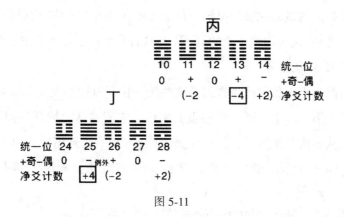

图 5-11

如图 5-12 所示，乙组与戊组、丙组与丁组在上下经两个子序列的中心形成了一个交叉模式，它们就像拼图一样，分别与上下经末尾的对卦簇拼合。

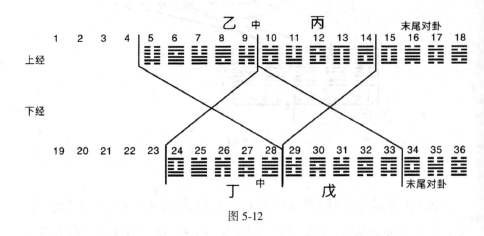

图 5-12

丙组与丁组将相错的统一位卦分别置于上、下经，直观展示了它们的结构相似性。乙组和戊组则把相错的统一位卦都置于同组之内，并让相错的两个六画卦构成的反卦统一位夹在它们之间，以此展示乙组和戊组的结构相似特征。丙组与丁组的结构相似位置还表现在，S13 和 S25 之间的关键关系，以及净爻计数为-2 和+2 的统一位卦组与中性统一位卦的分离。

这个拼图的最后一块是由统一位卦 S36 的五个"之卦"构成的甲组（图 5-13）。"之卦"是仅相差一爻的卦，[①] 而这种集中的注意力暴露了卦序作者对"之卦"现象的兴趣。

到目前为止，我们已经看到了这些统一位只有阴阳爻类的品质，而没有其他见于第一、第二层的那些重要属性，它们共享的特征是都属于 S36 的之卦。从相错关系来看，统一位卦 S3 与 S28 的反卦相错，S4 与 S21 相错，S3、S4 在上经，S21、S28 在下经，它们跨经交相错，其中，S4 和

---

① 见本书《〈易经〉卦序中的结构性因素》一文中的第六因素。

S21 都在甲组。统一位卦 S22 与 S23 的反卦也是相错的，它们彼此相邻。此外，卦序作者似乎刻意避免将反卦统一位卦与其相错卦并列。

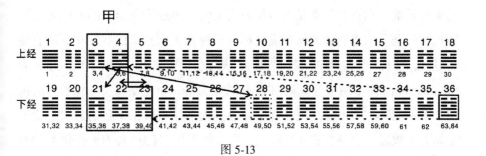

图 5-13

S3 和 S4 都是由阳性的三画卦组成，S21 和 S22 都是由阴性的三画卦组成。因此，在上经开头的对卦统一位卦 S1 和 S2 之后，紧接着的两个反卦统一位卦都是阳性的。而在下经中，相应的第三个和第四个统一位卦都是阴性的。最后，S3 和 S4 都包含三画坎卦，这个特征延伸到 S5 的内卦，这一系列就包含了六个六画卦。统一位卦 S36 剩下的一个之卦是戊组三画兑卦系列中的 S28，只有离下、兑上的 S28 才能发挥其独特的作为三画兑卦系列末尾成员的作用。因此，它是收集在甲组的 S36 的之卦的例外。

最后，在数字意义上，数字 36 可视为 $2×18$、$3×12$、$4×9$ 和 $6×6$。$2×18$ 就是上、下经的统一位数。$3×12$ 被 S13 和 S25 标记出来，这两个消息卦把三十六位的统一位序列分为三部分，为了将 S25 置于第三段的开头，卦序作者唯一一次违反了他的阳卦居奇数位、阴卦居偶数位的规则。$4×9$ 就是四分之一，很容易让人联想到四时。丙、丁组分别包含了夏季之首的 S10 和冬季之首的 S28，S10 与 S28 的外卦都是三画兑卦，而这两个季度最重要的反卦统一位是丙组的两个消息卦统一位 S11、S13，和戊组的两个时令卦统一位 S29 和 S32。$6×6$ 包含 $3×12$ 的标记和上、下经开头的统一位，有多种属性的 S7 开始了第二组包含六个统一位的小组。其他的是 S31，就是所有 36 数的因素没有突出特点的标记。这种数字思维在卦序中创造了另一个有意义的层次。

总而言之，王肇宗说："古未有以卦序之象言之。"①现在可以证实他的信念，即《周易》卦序本身就是一个根据二进制数的数字和视觉特性构建的象征系统。它在数学意义上不是公式化的，而是将全套二的六次方（2^6）所包括的全套二进制数的所有成员都放在视觉上有意义的顺序中。沈有鼎描述这种视觉成像时说："其序卦也，用建构原则（Principle of Architectonic）而不用平等原则（Principle of Continuity）是以义味深长。后世儒者多不能晓。"②也就是说，卦序通过其内部结构关系来创造意义，而不是如大多数后来的易学家所赞同的，完全依据像《序卦》传对卦序排列的解释那样排定的。

从所谓"两仪"——刚、阳爻（▬▬▬）和柔、阴爻（▬▬ ▬▬）——的区别演变出上与下、前与后以及奇与偶等二元导数。这些简单的概念足以解释单个卦的属性，并控制它们在卦序中定位的规则。之后，它们可以被解释为天地、男女、夫妇、父子、君臣，以至于万物。然而，要理解卦序的结构，并不优先需要这些扩展的意义。

通过将相综的两个卦视为一个单元，六十四个卦的整体可以综合为三十六个统一位。再将三十六个统一位分为两个子序列，并将其显示为上、下经结构。上经配置了三组对卦，其中首尾两组是三画卦自重卦，来标记其开始和结束的位置，然后又建立阴阳奇偶放置和净爻计数平衡对立的规则。下经把剩余的一组对卦放在接近其末端的位置，并用由三画卦坎、离相重而成的统一位卦 S36 作为其末尾，以此来反映上经的模型。因为 S36 是全应爻统一位，所以同为全应爻统一位的 S19 被放置在下经的开始，S7 和 S24 则是其他两个"骨架"位置。通过这样的方式，上经作为模范，引领下经，从而创造了第一层意义。

第一层结构使用了对卦组和全应爻性卦组的所有成员。第二层结构则

① 王肇宗. 周易图[M]. 道光九年光华斋刻本, 1829: 1a.
② 沈有鼎. 周易卦序分析. 沈有鼎集[M]. 北京: 中国社会科学出版社, 2006: 273.

使用消息卦和三画卦自重卦的其余成员。三个消息卦统一位和四个三画卦自重卦都已在第一层中使用过了。如此，卦序作者确定了同一个统一位可以服务于多个目的，并开始在同一层结构内形成不同层次。第一层结构和第二层结构一共使用了三十六个统一位的一半来建立并行框架。

剩余的十八个统一位按照前两层结构建立的规则分布在第三层结构的五个各含五个统一位的组中。第一层结构和第二层结构在上、下经之间具有直接平行性，第三层结构以乙、戊和丙、丁组的交叉模式覆盖先前的两层。在第三层结构中，相错关系是一个一贯的主题，或者跨上、下经相错，或者在某一组内相错。同时，卦序作者在第三层结构中引入了许多表现在这五个集合中的其他属性，兼具相错关系的反卦统一位、之卦、三画卦焦点组、阴阳三画卦组成等。作者还试图利用有意义的统一位作为数字36 的不同分段组合的节点，以所有这些方式，重复使用某些统一位，并将不同结构层叠加，从而为每个卦创造出丰富的可能关联。

本文所附的图 5-14 整体地显示了《周易》卦序的三层意义的主要构造成分。这个图形更完整的表示了王肇宗所提出的"卦序之象"，"卦序的象"从简单的"两仪"扩展到复杂的配置，在交织的两个、四个、五个、八个、九个或十八个统一位组中。然而它们继续反映它们的两个基本组件，并投射出一个抽象的二元数值图像。这个图像作为自然和时间过程中人类活动的模型，已经被理解了数千年。《系辞》早就说："易与天地准，故能弥纶天地之道。"因为同一天地提出了不断变化的现象流，所以又说"不可为典要"。卦序是前言语的象，而其含义可以用各种术语、语言来描述，如《周易》的卦爻辞、"十翼"和后代的解说都可为见证。

附录：《周易》卦序的三层的主要构造成分

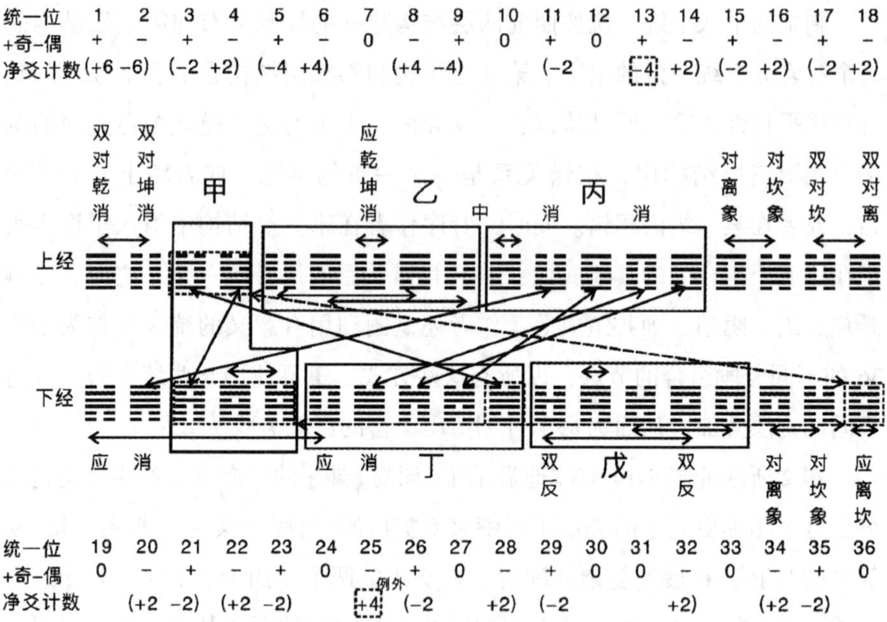
统一位 1 2 3 4 5 6 7 8 9 10 11 12 13 14 15 16 17 18
+奇-偶 + − + − + − 0 − + 0 + 0 + − + − + −
净爻计数 (+6 −6) (−2 +2) (−4 +4) (+4 −4) (−2 −4 +2) (−2 +2) (−2 +2)
双对乾消
双对坤消
甲
应乾坤消
乙
中
消
丙
消
对离象
对坎象
双对坎
双对离
上经
下经
应
消
应
消
丁
双反
戊
双反
对离象
对坎象
应离坎
统一位 19 20 21 22 23 24 25 26 27 28 29 30 31 32 33 34 35 36
+奇-偶 0 − + − + 0 − + 0 − + 0 0 − 0 − + 0
净爻计数 (+2 −2) (+2 −2) +4 (−2 +2) (−2 +2) (+2 −2)
例外

双=三画卦自重卦；对=对卦；反=反卦；应=全应爻卦；消=消息卦

⟷ 相错　　←-→ S36之卦

图 5-14

"互体"卦与《周易》卦序的第四层结构

——《〈周易〉卦序结构中的三层意义》后记

正如我之前所写的那样，消息卦、之卦、应爻等方式都是早期易学家使用的解经策略。那些方式与卦爻辞之间是否有可被证明的关系，我相信《周易》卦序可以为回答这个问题提供一个基础。我最近研究了所谓"互体"概念，认为可以把它作为另一个例子，看作卦序构造中的第四个结构层。

对于《周易》的六画卦来说，所谓"互体"，是指一个六画卦中的第二爻到第五爻这四个爻位可以被视为两个独立的三画卦，它们依次相重，构成另外一个"互体"的六画卦。例如否卦（☷☰）原为☷下☰上，从二爻到四爻为☶，从三爻到五爻为☴，这两个三画卦相重则成否卦的互体渐卦（☴☶）。互体的观念，反映了占卜过程中按顺序产生六爻的方式，某卦可以看作从"初爻"到上爻逐次向上推进，以连续的三爻为一个经卦，每个六画卦都包括了四个三画卦。例如在否卦中，可以依次看到☷、☶、☴、☰。

《系辞下》说"非其中爻不备"，这里的"中爻"是关于"互体"的另一种表述。《系辞》继续说："二与四（爻）同功……三与五同功。"这可以说是"互体"概念最早的来源。黄宗羲在《易学象数论》中说："《左传》庄二十二年周史为陈侯筮，遇观之否，曰：'坤，土也，巽，风也，乾，天也，风为天于土上，山也。'杜预注：'自二之四有艮象，艮为山。'此互体说易之始。"①由此可见，在现存最早的《周易》筮例中，互体似乎已经被使用。汉、三国时期的易学家都用互体方式来解释卦爻辞。杨方达《易学图说会通》收集了说明互体的图形，并引宋人林至的说明："先儒如马融、虞翻、崔憬多论互体。"②因为他们的目的是使用《说卦》中的言语联想来验证《彖》和《象》传对卦爻辞的解释，互体提供了本卦以外的两个三画卦，这通常会使《说卦》比喻之辞的可能性翻倍。

至少早在林至那里，象数学者就已经观察到，所有六十四卦都可以根据互体关系，最终归总于乾(☰)、坤(☷)、既济(䷾)、未济(䷿)这四个基本的六画卦。杨方达的图形(如图 6-1)展示了这一过程，四十八个卦先通过互体，达到中间的十二个卦，这十二卦再通过互体，就到达这四个基本卦。

在这四个基本卦之外的其他六十卦，属于哪一个基本卦组，如图 6-2所示，可以根据其第三爻和第四爻的阴阳爻模式来预测。

邵雍借用《系辞》传的术语，称这四个二画卦为"四象"。正如所料，四个基本卦与十二个中间卦以对称模式出现在邵雍的"先天方图"中。图 6-3表示在该卦序列中这四象和互体四个中爻被安排的情况。四个基本卦 A0(☰)、C5(☷)、F2(䷾)、H7(☰)之间都均匀间隔二十卦。这十六个卦两两配对，并且这八对成对的卦在矩阵中平行对称分布。这种对称性是按照方图矩阵的构造规则固有的，它也反映了二元六画卦的内部结构。其中每一个卦都得到四个基本卦之一的一个属性。

---

① 黄宗羲. 易学象数论[M]. 台北：广文书局，1974：127.《左传》庄公二十二年曰："周史有以周易见陈侯者，陈侯使筮之，遇观之否，曰：是谓观国之光，利用宾于王。此其代陈有国乎？不在此，其在异国，非此其身，在其子孙，光远而自他有耀者也。坤，土也；巽，风也；乾，天也；风为天于土上，山也。有山之材，而照之以天光，于是乎居土上。故曰，观国之光，利用宾于王，庭实旅百，奉之以玉帛，天地之美具焉。故曰，利用宾于王，犹有观焉。故曰，其在后乎，风行而著于土。故曰其在异国乎？若在异国，必姜姓也，姜，大岳之后也，山岳则配天，物莫能两大，陈衰，此其昌乎，及陈之初亡也，陈桓子始大于齐，其后亡也，成子得政。"

② 杨方达. 易学图说会通. 续修四库全书(第 21 册)[M]. 上海：上海古籍出版社，2002：449.

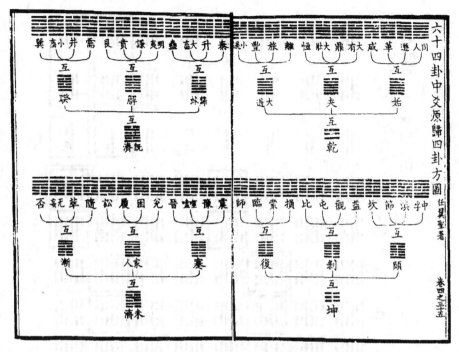

图 6-1① 互体四个基本卦(下层)、十二个第一次提取卦(中层)

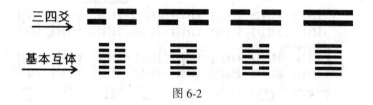

图 6-2

在《周易》卦序中,四个基本互体卦两两成对,占据了上经之首和下经之末的关键位置。我在前面的文章中已经指出,在六十四卦中,这四个卦的共享属性是最丰富的:乾(☰)是全刚爻,坤(☷)是全柔爻,它们作为一

---

① 此图取自杨方达. 易学图说会通. 续修四库全书(第 21 册)[M]. 上海:上海古籍出版社,2002:455.

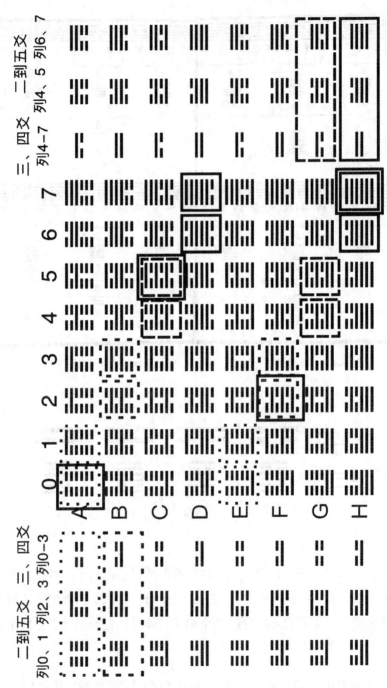

图 6-3　先天方图中的四个互体基本卦（双重方框）和十二个中间卦

对对卦，处在卦序之首；既济(䷾)、未济(䷿)在卦序最后，都是全应爻卦，且两卦既相综又相错。本文所附图6-4显示了十六个互体基本卦在《周易》卦序的统一视角中的放置。虽然第一次提取卦都与基本卦在相同的互体组，它们的共享属性比较平凡，然而，它们都有独特的特征。S13(H23、H24)和S25(H43、H44)在卦序中是关键的统一位。它们都是消息卦，且将三十六个统一位等分为三部分。S25是阴阳偶奇位置规则的唯一例外。

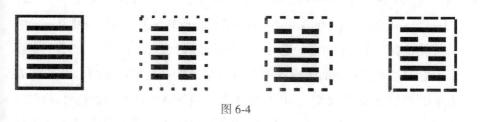

图 6-4

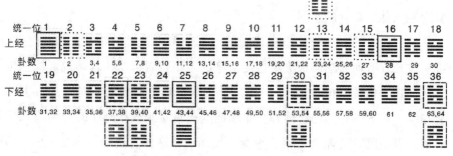

图 6-5　《周易》卦序统一视角中的互体基本卦与中间卦①

S22(H37、H38)和S23(H39、H40)都与S36(H63、H64)有一爻之别，是后者的"之卦"。在五十六个反卦中，只有这两个是相邻的统一位。S30(H53、H54)也是既相综又相错的统一位，与S22、S23一起，都从基本统一位S36经互体演变而来，而为下经之主。

S15、S16是八个对卦中的两个，按照对卦组的规则，与相错的卦配对

---

① 图6-5用与图6-4中相同的方框来表示统一位卦的反卦放在其上或其下。

放在上经子序列末尾。S15 与 S13 的互体基本卦都是 S2，S16 与 S25 的互体基本卦都是 S1。如此，仅有 S25 不与其互体基本卦 S1 在同一子序列。如上所述，S25 是阴阳奇偶放置规则的唯一例外，在这种情况下，它似乎也扮演了"证明规则的例外"的角色。

因为统一位 S15、S16、S22、S23 与 S30 的属性相对缺乏，卦序作者还有满足其设计标准的其他选择。统一位 S34、S35 可以与 S15、S16 交换，统一位 S3、S4、S21——都是统一位 S36 的之卦——可以替换统一位 S22、S23，统一位 S10 和 S30 的位置——两者都是既相综又相错的一对卦——可以互换位置。在所有可能的组合中，卦序作者所选择的位置，是唯一能够符合在与基本卦相同的子序列中保留中间卦这一放置规则的。我在《〈周易〉卦序结构中的三层意义》中指出了统一位 S22 和 S23 的独特对立（H37 与 H40、H38 与 H39 相错），但是，我还没有提出这种选择的理由。从互体卦组的结构含义方面来说，这两个统一位的配对突出了卦序作者将互体概念融入他的设计的意图。

统一位 S1 和 S2 有着不容置疑的占据前两个位置的特性，相比之下，统一位 S36 有何共享属性决定它在卦序的末尾位置，却比较难说。统一位 S17、S18，像统一位 S1、S2 一样，是三画卦自重而成的一对对卦，也都有与统一位 S36 相同的三画卦。如果把这一对对卦放在卦序的开始或末尾位置，可谓既有道理又兼顾了平衡，然而，卦序作者选择了以统一位 S36 作为卦序之末。

我之所以确定特定结构原则有效性的方法，是要追问：卦序作者是否可以在他自己建立的建筑规则中做出其他安置选择？如果有其他可能的安排方式，那么他最终的选择可以被认为是任意的。又或者，如果他所选择的对于整套卦是一致的（受其多层架构的微妙影响），那么所得到的位置就反映了他将该组合并入他的设计的意图。假定互体卦组是《周易》卦序中的一个结构元素，它是符合这个测试要求的。就像许多其他卦集一样，它也出现在"先天方图"的可见配置中。我相信，这样的图形显示了某些《周易》作者可用的图示，并影响了他的设计。因此，我把互体卦阵列看作《周易》

卦序结构的第四层，这为其视觉元素的复杂相互作用增添了另一个维度。

与从《左传》时期就开始使用的其他解经方法一样，认为卦爻辞中的任何一个词都可以归因于互体关系是有争议的。易学家采用该策略时，似乎是为了把《说卦》中模拟三画卦之象的口头形象也建立在卦辞或爻辞中。以王弼为例，如果“龙”这个词在卦爻辞中，而在六画卦的结构中却看不到与“龙”有关的三画卦，那么就应该发明一种可以看到“龙”三画卦的方法。①卦变、之卦、错卦和综卦等，都是扩大可以用于此目的的三画卦数量的便捷方法，而互体在大多数情况下提供了两个额外的三画卦的可能性。然而，不同学者的不同用法只是证明了缺乏任何决定性的证据，却最终没有办法证明或反驳这种说法与卦爻辞有没有实际的关系。

即便如此，那些精研《周易》的人毫无疑问地以卦序的顺序记住了经文，从而将卦爻结构与卦爻辞一起吸收到他们的脑海中。即使没有意识到我们这些后来的研究者所发现的特定结构要素，他们也会至少无意识地意会到其结构原理。也许他们被“互体”或其他六画卦组为卦爻辞的选择提供了动力的理论吸引了。但那些概念不是来自《周易》措辞本身，而是来自潜伏在六画卦优雅序列中的这些品类的六画卦关系组。

---

① 王弼，韩康伯. 周易注（汉魏古注十三经本）［M］. 北京：中华书局，1998：70-71.

附录：六画卦属性和《周易》卦序规则

六画卦的共享属性：

1）相综性（两卦卦形互倒，有反卦关系）。

2）相错性（两卦所有爻性皆反）。

3）阳性卦（柔爻比刚爻多）。

4）阴性卦（刚爻比柔爻多）。

5）中性卦（刚爻和柔爻各三个）。

6）三画卦组合性：

a）三画卦自重卦（如六画卦乾、坤、坎、离、震、兑、艮、巽）；

b）以阴性或阳性三画卦组合的六画卦（像阳下、阳上的屯䷂，阳下、阴上的师䷆等）。

7）消息卦性。

8）之卦关系。

9）应爻性（该条件是在《先天方图和〈周易〉卦序共享卦属性和位置规则》篇新增的）。

10）自相错（既相错又相综）。

11）互体性。

《周易》卦序的六画卦排序规则（用统一视角展示）：

1）相综的两卦配对成一个统一位（56个卦，28个统一位）。

2）选择相综卦的一个成员放在前面代表统一位。

3）每个对卦作为一个统一位（8个统一位）。

4）把三十六个统一位分为两个各含十八个统一位的子序列（即上经、下经）。

5）对卦统一位，以对卦关系配对、相邻放置。

6）对卦配对作为上、下经序列的界限。

a）将六画卦乾、坤作为上经序列的开头；

b)将三画卦坎、离自重而成的六画卦坎、离作为上经子序列的末尾；

c)将具有三画卦坎、离之"象"的对卦作为上、下经子序列倒数第二对统一位；

7)全应爻统一位在下经子序列的界限。

8)阳性卦统一位在奇数位置。

9)阴性卦统一位在偶数位置。

10)按照规则8和规则9，在某个统一位，将阳性三画卦作为内卦，阴性三画卦作为外卦(阳下阴上、阴随阳)。

11)根据统一位卦的净爻计数，使每对统一位的净额为零。

12)符合特殊的三画卦分组：

a)S25—S28 和 S10 的外卦，以及 S24 的内卦，都是三画兑卦；

b)S3—S5 中的三画坎卦；

c)S10—S15 中的三画震卦(统一位卦 S11 有三画震卦之"象")；

13)避免反卦统一位卦以相错关系相邻(除了 S22 和 S23 之外)。

14)自相错统一位卦 S10 和 S30，分别跟先天方图中的相错卦邻居 S15、S16 和 S34、S35 放在相同的子序列中。

15)相邻的之卦统一位 S19、S20 和 S32—S34 在下经的首尾。

16)符合上下经的并行性：

a)反卦统一位卦与对卦分上、下经放置；

b)消息卦的放置；

c)三画反卦的自重卦(震、艮、巽、兑)的放置；

d)统一位 S36 的之卦的放置；

e)上经子序列的第三、四统一位的三画卦成员都属阳；下经子序列的第三、四统一位的三画卦成员都属阴。

17)互体基本卦(十个统一位)为安置的决定因素(例如 S22 和 S23)。

卦属性与卦爻辞的关系

《系辞上》说："辞也者，各指其所之。"在一些情况下，《周易》措辞中的喻象似乎可以在卦爻画中找到来源。例如，指身体底部脚的意义的"趾"字共出现了六次，每次都出现在卦底部的初爻。初爻和上爻的刚爻之间有四个柔爻的颐(☲)卦，也可以说看起来像张开的嘴，而那种视觉外观好像就是颐卦之名的来源。① 不过，大部分卦爻的"辞"所"指"的形象是难以捉摸的。

"十翼"中的《彖》和大、小《象》传提出了几个卦爻画和卦爻辞之间的联系。比如，在它们的解释中都多次使用三画卦焦点，有时也使用应爻性、卦爻象和阳奇阴偶等概念。这些都包括在笔者前面的文章中所说的六画卦属性之间的联系之中。

先儒仔细研究《周易》和"十翼"的每一个字。他们认为《说卦》传中列出的三画卦的关联是解释卦爻辞的独家字典。然而，由于卦爻辞和《说卦》所列的词之间的直接关系很少见，因此，易学家们不得不发明各种方法将两者联系起来。例如，因为《说卦》说"震为龙"，来知德解释乾卦初爻中"龙"字时就说："此爻变巽，错震，亦有龙象，故六爻即以龙言。"②他假设六画乾卦的初爻从刚性变为柔性，使得内三画卦从乾变为巽。在《说卦》中，三画震卦属"龙"，而三画巽卦是与震卦相错的。这个机制解释了乾卦初爻中的龙象和其他四爻的外观。然而，这是来知德的个人观点，其他易

---

① 参见来知德. 周易集注[M]. 台北："商务印书馆"，1973：348.
② 来知德. 周易集注[M]. 台北："商务印书馆"，1973：153.

学家则提出了自己的解释。如此，当第一个由三画乾卦自重而成的六画乾卦在其初爻中提到"龙"时，关于"龙"象的解释已经引起争议。公元 3 世纪的易学家王弼指出，三画乾卦应该属于马，所以先儒不得不用曲折的办法来解释"龙"象的使用，他的结论是，卦爻画和卦爻辞之间的联系"一失其原，巧愈弥甚"。①

因为大多数传统易学家都认为孔子写了"十翼"，他们觉得有必要为《彖》《象》的说法做出辩护，而这阻碍了他们使用比较科学的方法去接近卦爻辞。其实，"十翼"是比《周易》本身更晚出现的文献。我们仍然可以采用先儒逐字逐句解读经典的技术，前提是既要超越先儒对"十翼"的迷信态度，又要以更加科学的方式来进行。例如，"龙"这个例子只出现在乾、坤这一对对卦的爻辞中。也就是说，这个词只出现在两个共享对卦属性的六画卦中。这将提供一个比来知德的三步解释更简单的机制，尽管它不能解释为什么所有关于"龙"的词汇，如潜龙、见龙、飞龙、亢龙、战龙等，都是由于这个机制。然而，从研究的角度来看，首要的目标应该是确定《周易》卦爻辞与六画卦的属性之间可能相关的机制。笔者提出了一种统计方法，用于根据在前面的文章中所描述的六画卦的属性来确定这种关系的存在。

《周易》卦爻辞的含义长期以来一直备受争议。从马王堆帛书《周易》可以看出，传统文本中的许多词语也存在差异。② 作为一个重要的例子，三画卦自重而成的六画卦的卦名与传统文本中的相关卦名无一相同（见本书《N 画卦理论》篇表 8-37），并且相关的卦爻辞在表述和用字上也有所不同。然而，中文书面语的一个独特之处在于，很多字都是象形文字。我们可以将它们分析为可量化的对象，并且可以忽略它们的语言关联及其出现的上下文语境。在这项研究中，我们将利用这一特征，暂时搁置卦爻辞的意

① 王弼，韩康伯. 周易注(汉魏古注十三经本) [M]. 北京：中华书局，1998：71.

② Edward L. Shaughnessy. I Ching：The Classic of Changes [M]. New York：Ballantine Books，1996：30-34.

义，转而比较其视觉形式。

一、《周易》的措辞

《周易》的措辞分为六十四个部分，每个部分都分为七个小节，第一小节总是卦名、卦辞，其后的六个小节，依次为从初至上的六爻的爻题、爻辞。在这四百四十八段文本中，可以出现任何措辞。

《周易》卦爻辞的字数较少，不包括"十翼"的《周易》经文文字大约仅有五千字，其中一半以上，经常被用于像"初九""六二"等爻题，或常见的功能词和占卜术语（见表 7-10）。关于后两种类型，否定词"无"是最常见的，共出现一百五十九个；其次是占卜词"吉"，用了一百四十五次。五十七个卦在爻辞中的重复了卦名，且通常在两条或以上的爻辞中出现。例如，观卦的六爻之辞中都有"观"字。

在剩下的措辞中，只有一百三十八个单字仅使用了两次。① 如果其中很大一部分出现在两个共享属性关系的卦中，它便可能证明这种影响在起作用。虽然数量较少，但是同样强大的证据是超过一个字的共享短语或字串。由于两个实例之间的匹配是以该短语的早期成员为条件的，因此共享较长短语的例子发生的概率就会越来越低。

二、证据

笔者考察了五类六画卦属性，以证明词语与《周易》的卦爻画之间的一致关系。这五类分别是：1）成对的反卦；2）成对的对卦；3）反卦之外的相邻卦；4）之卦（相差一个爻的两个卦）；5）内三画卦或外三画卦相同的六画卦。这项考察将识别出那些仅仅出现在两个相关卦中的字词或重复在不同

---

① 根据笔者对通行本《周易》字数的统计，总的文字数为 4934。其中，代表每爻的卦中位置（初、二、三、四、五、上）和刚（九）、柔（六）性的爻题占了 770 字，像吉、凶等占卜术语共用了 735 字。

卦中出现的字词串。然后讨论这些实例是否共同反映了卦爻画结构对卦爻辞作者选择用词的影响。这样做的时候，我们必须考虑那些不属于这五个类别的其他示例。

在一百三十八个单字中，有五十二个是在同一个六画卦中使用了两次。例如屯卦(☷)第三爻和中孚(☷)卦初九爻没有属性相同的关系，但爻辞中都有"虞"字。从一百三十八个单字中减去这五十二个就得到八十六个，这八十六个出现在不同的六画卦中。笔者将在下面说明其中三十六个属于五种属性中的一种。剩下的五十个出现在另外两个六画卦中。后一组不一定没有属性的关系，但是这种关系存在的情况比前文所提议的五种类型更加难以量化。例如坤卦(☷)卦辞和姤卦(☰)九五爻辞都共享了"含"字，这两卦又都属于消息卦。此外，在共享三画卦的类中还包括另外两对消息卦。因为有更多的三画卦类型成员，在该组中也包括后者的例子；但是，我们认识到消息卦之间词汇共享的可能性。

1. 成对反卦中的共享措辞

反卦配对并置是《周易》卦序的一个独特特征，在这些成对的反卦中，有十三例出现了共同措辞。古代的易学家注意到了其中的几个，并对其外观给出了各种解释。①

(1)共享卦辞的仅有一例，即泰卦(S7：H11)的卦辞"小往大来"和其反卦否卦(S7：H12)的卦辞"大往小来"。"往""来"虽是《周易》中常见的语词，但同时出现在语法结构"……往……来"中，则仅见于泰、否的卦辞。因此这个例子是数据集中的独特字串。

(2)共享爻辞的有另外十二个例子。最引人注目的是在成对反卦翻转相应的爻位上，如某卦的初爻和其反卦的上爻，或彼二爻和此五爻，或彼三爻和此四爻。如表 7-1 所示，成对反卦在对应爻位上共享措辞的例子有

---

① 例如朱熹用他的卦变理论来解释 S7：H11 中的"小往大来"。参见朱熹. 周易本义. 朱子全书(壹)[M]. 上海、合肥：上海古籍出版社、安徽教育出版社，2002：41.

五个。

表 7-1①

	措辞	位：卦.爻	卦	位：卦.爻	卦
1	王、三	5：7.2	䷆	5：8.5	䷇
2	弗克	8：13.4	䷌	8：14.3	䷍
		24：41.5	䷨	24：42.2	䷩
3	或益之十朋之龟弗克违	24：41.5	䷨	24：42.2	䷩
4	臀无肤其行次且	25：43.4	䷪	25：44.3	䷫
5	伐鬼方三年	36：63.3	䷾	36：64.4	䷿

在这些示例中，多数只共享几个单字或字串。S24：H41.5 和 S24：H42.2 共享的短语"或益之十朋之龟弗克违"有十个字的长度，这也许是《周易》重复出现的卦爻辞中最长的句子，《周易》句子的平均长度只有 3.3 个字。

（3）成对反卦中的爻辞共享并不局限于以上翻转相应的爻位。如表 7-2 所示，有三个例子，其中相同的词出现在成对反卦的同一个爻位中。

表 7-2

	措辞	位：卦.爻	卦	位：卦.爻	卦
1	拔茅茹以其汇	7：11.1	䷊	7：12.1	䷋
2	濡其尾*	36：64.1	䷿	36：63.1	䷾
3	濡其首	36：64.6	䷿	36：63.6	䷾

* S36：H64 卦辞也有此短语。

---

① 在本文所用此类表格中，"措辞"列举的是在卦爻辞中共享的语词，"位：卦.爻"是为了简明地指出出现共享爻辞的爻位所用的格式，"位"代表某卦在统一视角中统一位序号，"卦"代表某卦在六十四卦中的序号，"爻"代表某爻在相应卦中由初至上的爻位。例如5：7.2表示的是师卦九二爻，师卦在统一位中属于S5，在六十四卦序列中属于第7卦。统一视角的基本图式可参见本书图2-5。

(4)此外，如表 7-3 所示，还有四个例子涉及成对反卦的其他爻位：

表 7-3

	措辞	位：卦. 爻	卦	位：卦. 爻	卦
1	小有言	4：5. 2	䷄	4：6. 1	䷅
2	祉	7：11. 5	䷊	7：12. 4	䷋
3	谷	27. 47. 1	䷮	27：48. 2	䷯
4	曳其轮	36：63. 1	䷾	36：64. 2	䷿

在以上四组用例中，都包括统一位 S7 或 S36。同时，在所有这十三个共享措辞的例子中，有四个出现在统一位 S36 中，而 S36 是同时具备反卦兼相错卦、全应爻性、坎离三画卦和结束标记等多重属性的统一位。有三个出现在统一位 S7 中，S7 同时具备反卦兼相错卦、全应爻性、乾坤三画卦等多重属性。然而，由于表 7-3 和表 7-1 的第 5 条这样的例子也出现在互为反卦的两卦的措辞中，它们更强烈地证明了所有这些实例都应是基于反卦关系被置于该组中的。

2. 在相错的卦中的共享措辞

在《周易》卦序中，翻转无别的对卦也被配对并置，而且成对的反卦虽各有其相错卦，但往往不根据相错性并置。在相错的卦中，最著名的措辞共享案例是对卦 H1 和 H2 中的"龙"字。如表 7-4 所示，在这一数据集中一共只有三个示例。

表 7-4

	措辞	位：卦. 爻	卦	位：卦. 爻	卦
1	龙	1：1. 1、2、5、6、用九	䷀	2：2. 6	䷁
2	音	35：62. 卦辞	䷽	34：61. 6	䷼
3	膏	3：3. 5	䷂	28：50. 3	䷱

这些用法涉及八个对卦中的四个，而没有一个相综的卦。事实上，尽管"龙"和"音"两例因其突出位置而引人注目，相错的卦在措辞共享方面的证据仍是微弱的。在表 7-4 中，前两条都属于对卦的例子，第 3 条是唯一属于反卦的例子。需要说明的是，在上一组中，H11 与 H12、H63 与 H64 也是相错的，也可以归入本节。然而，因为它们的共享短语更多反映了成对反卦常见的放置模式，所以它们被放置在上一组中。

3. 在相邻的卦或统一位中的共享措辞

反卦和对卦都是配对并置的，当然都是相邻的卦，第 1 组的十三个例子、第二组的两个例子，都可归于此类。此外，如表 7-5 所示，在卦序中还有一些仅仅是彼此相邻的卦或统一位，它们也共享了一些词汇和字串。

表 7-5

			措辞	位：卦. 爻	卦	位：卦. 爻	卦
3.1	相邻的卦	1	利君子贞	7：12. 卦辞		8：13. 卦辞	
		2	有渝	9：16.6		10：17.1	
		3	罔	20：34.3		21：35.1	
		4	其资斧	31：56.4		32：57.6	
3.2	相邻的统一位	1	大有	8：14. 卦辞		9：16.4	
		2	负	22：38.6		23：40.3	
		3	改	27：47. 卦辞		28：49.4	
		4	是	35：62.6		36：64.6	

4. 在之卦中的共享措辞

六画卦的一爻变成爻性相反的爻，本卦就变成它的"之"卦，这可能是一个源于占卜实践的概念。该原则表示两个卦之间的密切关系,并且似乎用于卦序的排列。①

表 7-6

	措辞	位:卦. 爻	卦	位:卦. 爻	卦	成之卦的变爻
1	盈	5:8.1	䷓	17. 29. 5	䷜	二爻
2	厥	8:14.5	䷓	22:38.5	䷥	三爻
3	先……三日, 后……三日	10:18. 卦辞	䷑	32:57.5	䷸	五爻
4	甘	11:19.3	䷒	33:60.4	䷺	五爻
5	其趾(在卦名前)	12:22.1	䷕	29:52.1	䷳	初爻*
6	莫之胜	20:33.2	䷠	30:53.5	䷴	四爻
7	噬肤	22:38.5	䷥	12:21.2	䷔	二爻
8	狐	23:40.2	䷧	36:64. 卦辞	䷿	上爻
9	雉	28:50.3	䷱	31:56.5	䷷	二爻
10	心不快	31:56.4	䷷	29:52.2	䷳	四爻
11	鸟	35:62. 卦辞、1、6	䷽	31:56.6	䷷	上爻*

在表 7-6 中,第 5、11 例(*)是成之卦的变爻与共享措辞的爻相匹配的。

在一卦的反卦的之卦中的共同措辞如表 7-7 所示。

表 7-7

	措辞	位:卦. 爻	卦	位:卦. 爻	卦	反卦的之卦的变爻
1	筮	3:4. 卦辞	䷃	5:8. 卦辞	䷇	初爻*

① 见本书《〈易经〉卦序中的结构性因素》一文。

续表

	措辞	位：卦．爻	卦	位：卦．爻	卦	反卦的之卦的变爻
2	食、旧	4：6.3	䷜	27：48.1	䷯	初爻
3	武人	6：10.3	䷡	32：57.1	䷸	初爻
4	威如	8：14.5	䷌	22：37.6	䷤	四爻
5	拇	23：40.4	䷧	19：31.1	䷞	四爻
6	击	24：42.6**	䷩	3：4.6**	䷃	初爻
7	冥	26：46.6**	䷭	9：16.6**	䷏	五爻
8	丧(牛、羊)于易	31：56.6	䷷	20：34.5	䷡	二爻

在表 7-7 中，第 1 例(*)反卦的之卦的变爻与共享措辞的爻相匹配；第 6、7 例(**)共享措辞的爻都在相同的位置。

5. 在共享了三画卦的卦中的共享措辞

（1）如表 7-8 所示，有七个实例在内卦或外卦的相同位置上出现了相同的三画卦，它们也共享了措辞。

表 7-8

	措辞	位：卦．爻	卦	位：卦．爻	卦	共享三画卦
1	去	6：9.4	䷫	33：59.6	䷺	巽上*
2	跛	6：10.3	䷡	30：54.1	䷵	兑下*
3	眇	6：10.3	䷡	30：54.1	䷵	兑下*
4	迟	9：16.3	䷏	30：54.4	䷵	震上
5	进(退)	11：20.3	䷓	32：57.1	䷸	巽上*
6	腓	19：31.2	䷞	29：52.2	䷳	艮下*
7	和	32：58.1	䷹	34：61.2	䷻	兑下*

在表 7-8 中，第 1、2、3、5、6、7 等六例(*)，都是共享措辞发生的

位置在一致的相同三画卦的三爻之中。从传统解易思维的角度来看，这些案例中最有趣的是第 5 例所共享的"进（退）"措辞（"进"是独特共享的词，在这两句爻辞中都是"进退"连言），这跟《说卦》的"巽……为进退"完全一样。这与《说卦》中其他的推测性关联有所不同。例如，来知德曾参考《说卦》中的"坎……为盗"来解释 S4：H5.3 中"致寇至"的"寇"字，"寇"和"盗"是同义词，但作为爻辞作者从《说卦》的话得到灵感的证据，它们只是暗示性的，远不如"进退"的情况令人信服。

（2）此外，如表 7-9 所示，还有九个独特的措辞实例，它们虽由两卦共享，但共享的三画卦不在同一卦位上。

表 7-9

	措辞	位：卦.爻	卦	位：卦.爻	卦	共享三画卦
1	御（寇）	3：4.6		30：53.3		艮
2	致（寇至）	4：5.3		23：40.3		坎
3	休	7：12.5		13：24.2		坤
4	宾	11：20.4		25：44.2		巽
5	士	16：28.5		30：54.6		兑
6	允	21：35.3		26：46.1		坤
7	劓	22：38.3		27：47.5		兑
8	引	26：45.2		32：58.6		兑
9	祭	27：47.5		36：63.5		坎
10	汔	27：48.卦辞		36：64.卦辞		坎

三、数据集概述

表 7-12 总结了上述五种与六画卦属性有关的共享措辞的情况。在两个不同的卦中，共有六十个共享措辞，其中三十六个（60%）是共享的单个

字。除了在成对反卦的共享措辞中短语比单个字多以外，其他四类都是单个字的共享超过半数。在《周易》中，共享多于三个字的字串是罕见的，但在成对反卦中有共享五个、六个、七个和十个字的例子。这些用例在反卦中脱颖而出，确实是引导我们研究六画卦属性类型中共享措辞的主要线索。

表 7-13 总结了统一位、六画卦跟卦属性有关的文字共享分布。三十六个统一位中的三十三(除了 S14、S15 与 S17 之外)个，六十四卦中的五十一个(83%)，至少有一个与五种类型的属性相关联的共同的单字或字串。因为每个单词共享总是涉及两个六画卦，在五十一个卦中，总共分布着一百二十个实例，平均每卦共享 2.4 个词。其中共享措辞出现在三个类型中的情况统计表明，最多的是 S36(H63 和 H64)，共有六个，H12 有五个，H14、H16、H38、H40、H47、H57 都有四个。

总而言之，在 448 种可能的卦爻辞上下文中，根据我们的五个属性类别来进行统计的情况表明，其中的大约四分之一都发生了独特的措辞共享。

四、讨论

上文根据五类属性对相应卦爻辞的统计，暗示着这五类属性和卦爻辞之间存在某种关系。然而，如表 7-11 所示，卦爻辞中还有五十个不同于这五个指定类别的共享卦爻措辞的例子。在该表的最后一列中，我指出了一些可能的属性关系。其中有七例可能属于三刚爻三柔爻，另有三例可能属于四个刚爻，还有一例可能属于四个柔爻。刚爻或柔爻的数量肯定是一个六画卦的属性，净爻计数是卦序的结构规则之一。在任何五个刚爻或五个柔爻的六画卦中，将刚、柔爻组成作为与独特卦爻辞的外观有关的属性的可能性会更多。这些实例虽仍有疑问，但我认为它们可以作为五个类别的补充。

在表 7-9 中，共享三画卦坤、巽的第 3、4 项都是消息卦，和第七统一位中的两个消息卦一样，已经包含在其他类型中。① 然而，我们还是要将消息性作为五种类别之外的重要补充类型加以考虑。在表 7-11 第 2、38、39 项中，共享措辞的两卦虽并不直接相错，但都是对卦。它们的数量很少，难以根据它们来确定对卦本身是否属于跟措辞有关系的属性。因此，如果表 7-11 那五十个项目中的十五个可以被认为是不确定的，那么我们五个类型中的实例数量就略大于这剩余的三十五个无法识别分类的实例数量。

在将措辞与卦属性关联起来考察时，我们也必须考虑到这一点：独特措辞也可以出现在没有明显的六画卦属性的关系中，这样的例子至少与笔者所分析的措辞与属性有关系的例子一样多。然而，无论在哪种情况下，都没有必要证明卦属性和卦爻辞之间的联系。相反，有必要表明这种联系存在于足够数量的案例中，以便确定它们的共存不仅仅是随机的。

即便我们同意这种关系的可能性，也还是会出现几个问题。某两个措辞在两个地方会因为共同的属性而都以某种方式被提出吗？或者它们由于某属性而在一个卦中"起源"，并传递给另一个卦吗？又或者是卦属性与其他因素交互作用而产生了共享的措辞？所有这些可能性都是由易学家提出的，然而，他们只是集中精力于用《说卦》传的三画卦联想来解释卦爻辞。虽然在表 7-8 第 5 项"进退"的例子中可能找到《说卦》传的影子，但是作为数据集中的十七个实例之一，它并不能证明传统方法的有效性。不过，我们可以在传统解说观象系辞的直觉思维基础上，指定另外四种类别，来建立一种新的理解。

与理解《周易》卦序结构一样，理解六画卦的视觉意象与其语言图像之

---

① 消息卦组中有一些引人注目的共享词汇：例如 S7：H12.2 的"小人吉，大人否"，类似的措辞，如 S11：H20.1 的"小人无咎，君子吝"、S13：H23.6 的"君子得舆，小人剥庐"、S20：H33.4 的"君子吉，小人否"、S20：H34.3 的"小人用壮，君子用罔"等。在《周易》爻辞中，有六个这类以君子、小人对举而具体措辞小异的例子，其中五个出现在消息卦的爻辞中，只有一例（S28：H49.6 的"君子豹变，小人革面"）不属于消息卦。

间关系的关键在于反卦。把成对的反卦看作一个单元，这导致了统一视角的建立，借助统一视角，可以理解卦序中六画卦的属性和位置规则。在反卦统一位 S24 中，H41.5 和 H42.2 共享了短语"或益之十朋之龟弗克违"，这是卦爻结构在爻辞选择上可能发挥作用的最有力线索。这个短语只出现在这两个爻位，长达十个字。若不包括爻标记，《周易》句子平均长度仅为 3.3 个字符，如此来看，这个十字句也许是《周易》卦爻辞中最长的句子。由于重复一个字串的概率是有条件的，短语越长，其共同出现就越不可能是随机的。另外，S24：H42 的卦名是"益"，即损益之益。"益"这个词仅用于损、益这两个六画卦，在益卦和损卦中各出现了三次。尤为值得注意的是，这个十字短语同时见于损卦第五爻和益卦第二爻的爻辞，损益互为反卦，而这两爻正是反转后的相应位置。来知德说："损之六五即益之六二，以其相综，特倒转耳，故其象同。"①

也是在成对反卦的相应爻位中，另外两个比平均字串更长的重复措辞也能增加证据的权重。S25：H43.4 和 S25.H44.3 共享了七个字"臀无肤其行次且"，S36：H63.3 和 S36：H64.4 共享了五个字"伐鬼方三年"。这些较长的字串重复出现在反卦的相应爻位，不太可能是与卦属性无关的。如果它们不是随机出现的，那么它们出现在同属性的一对卦中，而不见于其他任何卦爻辞内，便表明卦属性是这种措辞选择的一个促成因素。

根据这种假设，在所有成对的反卦中，共享了独特措辞的共有十三例 (S7 的两个成员卦有三个共享字串，S36 的两个成员卦则有四个共享字串)。这在 448 种可能出现的《周易》句段中，不是一个很大的数字，但是在反卦的情况下，上文论及的多个字串的长度和位置是该属性与措辞选择相关的最有力证据。涉及对卦的实例数量要少得多，但在相错的 H1 和 H2 中都出现了"龙"字，这一直被认为是两个卦的相错性的反映。在八个对卦之中，有四个共享了一个字。在所有可能的情况下，卦序作者都显示出对

---

① 来知德. 周易集注 [M]. 台北："商务印书馆"，1973：451. "综"是来氏表示反卦性的术语。

于反卦配对的明确偏好，此外，反卦的相错卦可能也是他在选择词语时的偏好，因为在卦爻辞中还可以找到一个因为反卦的相错卦而共享措辞的实例。

相邻卦之间的共享措辞可能会证明，在从口述历史到书面稿件演化的过程中，卦序一直是一个考虑因素。表 7-5 列举了八个在相邻的六画卦或统一位之间共享措辞的例子，它们涉及十六个六画卦。如果算上表 7-4 中四个相邻的对卦和表 7-1、7-2、7-3 中的十六个相邻的反卦，相邻卦共享措辞的例子又多了二十个，这样就总共有三十六例并列的卦或统一位，也就是说，一半以上的六画卦与相邻的卦共享了措辞。

关于三画卦类型，最引人注目的例子是表 7-8 中的。该表所有的七例，都是同时在内卦或外卦共享一个三画卦。并且其中的六例，其共享措辞见于共享的三画卦的三段爻辞之中。如果共享三画卦跟措辞选择有关，那么这种位置相似性会放大这种关系。然而，在表 7-9 中，还有另外十种情况，它们共享的三画卦在内卦，而共享的卦辞则在外卦，或者共享的三画卦在外卦，而共享的卦辞则在内卦。因此，如果共享三画卦对措辞选择有影响，那么它似乎只要求两卦共享三画卦和措辞，而不限制三画卦和措辞具体位置的对应关系。

这种位置的非特异性也适用于之卦类型，这类的共享措辞最多，有十九例。只有在表 7-6 的第 5、11 项和表 7-7 的第 1 项中，成之卦的变爻就是共享措辞的爻。在表 7-7 的第 6、7 项中，两个卦的共享措辞都在相同的爻位。在大多数其他情况下，在构成之卦关系的两个六画卦中，像变爻这样特定的爻位并不起重要作用。然而，就像在 S24 中的"或益之十朋之龟弗克违"一样，它们也是卦爻结构有助于塑造卦爻辞的强大证明。

如果缺乏这样的确切对应，那么通过什么途径可以说卦属性的类型影响了卦爻措辞的选择呢？在前面的文章中，笔者已经提出了卦在《周易》卦序中的位置安排是完全有意的。每个卦都服从于多层设计结构的目的，这可以用经常应用的规则来描述。然而，对于所有这些独特的受到六画卦属性影响的措辞的选择，却并没有反映出同样的意图。虽然很难相信爻辞的作者不会意识到他正在重复两个反卦中的十个或七个字的短语，但是上面列出的一半实例只是共享了单个的字，《周易》作者甚至可能没有意识到在六对有之卦关系的六画卦中出现了同一个字。

我们可能会在回顾《周易》如何建构时寻求这些问题的答案。《系辞下》说："易之兴也，其当殷之末世、周之盛德邪？当文王与纣之事邪？"历史上的易学家普遍同意这一说法，将卦序和卦辞归于文王所作，并将爻辞归于他的儿子周公所作。他们两个人作为占卜的实践者而享有名声，然而卦爻辞却明显地带有由商朝占卜师刻在龟壳和动物肩胛骨上的词汇的痕迹。[1]"易之为书"的表述在《系辞下》出现了几次，笔者认为，如果文王和周公完成了《周易》卦爻辞与卦序，那么他们最有可能是把历代占卜师的口头传统所留下的材料予以收集和书写，最终编纂成书。

如果真是如此，那么卦序就是他们的学派所使用的一种教学设备，用来说明对卦爻画的特质及其相互关系的研究。它也是一种助记符，通过它可以保留占卜的措辞并在需要时取回而用于预卜的目的。随着时间的推移，卦爻辞在连续的练习者的记忆中被编辑，并反映在卦序助记符上，从而创造了对与某些卦爻配置相关联的措辞偏好。当《周易》最终成书时，这些改进被确定下来。之后，抄写者不断复制它们，而不再继续改编它们。如果只出现一个字，则可能是保留在上面讨论的共享关系中的背影。

五、结论

"辞"是否"各指其所之"，上文的研究方法无法发现确定不移的答案。然而，上面提供的证据有利于支持这样的假设，即卦序和一些卦爻辞之间的关系是存在的。目前仍然没有办法证明为什么任何卦或爻辞中出现了一个特定的语言形象。"趾"见于几个卦的初爻，"首"见于几个卦的上爻，这

---

① Edward L. Shaughnessy. Unearthing the Changes: Recently Discovered Manuscripts of the Yi Jing (I Ching) and Related Texts [M]. New York: Columbia University Press, 2014. 参见该书第一章。

好像关联到东西位于较高或较低的地方。但我们发现，没有任何机制可以强制在任何位置上使用，或者说，无法确知特定口头表达的来源是什么。

这项研究的有用结果是，发现卦序中的卦属性元素似乎影响了卦爻辞的选择，而这种影响至少有两个原因。首先，它提供了《周易》卦序和经文密切相关的证据。马王堆帛书文本以不同的卦顺序呈现，这一发现将所有关于传统卦序跟《周易》之间的关系长期置于质疑之中。① 我们的分析提供了一个基础，继续肯定传统的卦序与卦爻辞有关。其次，作为卦序结构基础的六画卦属性都会产生各自的影响，这些影响有时也在卦爻辞中透露出来。虽然我们没有发现明显的机制从卦序的结构特征来传递这种影响，但是我们倾向于认为，卦属性和卦爻辞之间的关联存在于大脑的记忆存储和检索结构中，并出现在《周易》从口头传承到书面传播的过渡过程中。

表 7-10 《周易》中使用超过二十次的单字统计

爻的标记		占卜辞		否定词和功能词		名词动词	
文字	次数	文字	次数	文字	次数	文字	次数
九	193	吉	145	无	159	有	121
六	193	利	119	其	120	用	58
初	64	贞	113	之	79	大	55
二	64	咎	102	于	76	往	54
三	64	凶	58	如	32	人	54
四	64	孚	42	攸	32	小	35
五	64	亨	45	勿	26	子	34
上	64	悔	30	以	23	终	29
		厉	27			来	28
		元	26			得	27

① 夏含夷认为，虽然马王堆手稿中的《二三子问》和《易之义》两篇"传"中提到了许多六画卦，但是这些卦的序列合于"通行本，而不是马王堆手稿"。见本书《〈易经〉卦序中的结构性因素》一文。

续表

爻的标记		占卜辞		否定词和功能词		名词动词	
文字	次数	文字	次数	文字	次数	文字	次数
		吝	23			君	26
						亡	24
						三	23
						见	21
						征	20
						行	20

表 7-11　卦爻辞中不同于本文指定属性类别的共享卦爻措辞

	措辞	位：卦．爻	卦	位：卦．爻	卦	可能的属性
1	群	1：1. 用九		33：59.4		
2	牝	2：2. 卦辞		18：30. 卦辞		两个对卦
3	(东)北	2：2. 卦辞		23：39. 卦辞		
4	含(章)	2：2.3		25：44.5		消息
5	野	2：2.6		8：13. 卦辞		
6	磐	3：3.1		30：53.2		
7	虞	3：3.3		34：61.1		
8	泣	3：3.6		34：61.3		
9	发	3：4.1		31：55.2		
10	纳	3：4.2		17：29.4		四个柔爻
11	敬	4：5.6		18：30.1		四个刚爻
12	宁	5：8. 卦辞		32：58.4		
13	前	5：8.5		25：43.1		
14	密(云不雨自我西郊)	6：9. 卦辞		35：62.2		

续表

	措辞	位：卦.爻	卦	位：卦.爻	卦	可能的属性
15	考	6：10.6		10：18.1		
16	遗	7：11.2		35：62.卦辞		
17	平	7：11.3		17：29.5		
18	(帝)乙(归妹)	7：11.5		30：54.5		三刚三柔
19	羞	7：12.2		19：32.3		三刚三柔
20	墉	8：13.4		23：40.6		
21	咷	8：13.5		31：56.6		
22	石	9：16.2		27：47.3		
23	疑	9：16.4		31：55.2		
24	死	9：16.5		18：30.4		
25	山	10：17.6		26：46.4		
26	母	10：18.2		21：35.2		
27	忧	11：19.3		31：55.卦辞		
28	阒	11：20.2		31：55.6		
29	须	12：22.2		33：59.3		三刚三柔
30	翰	12：22.4		34：61.6		
31	宫	13：23.5		27：47.3		
32	祇	13：24.2		17：29.5		
33	硕	14：25.6		23：39.6		
34	闲	14：26.3		22：37.1		四个刚爻
35	曰	14：26.3		27：47.6		
36	良	14：26.3		30：54.5		
37	簋	17：29.4		24：41.卦辞		
38	鼓	18：30.2		34：61.3		对卦离象

续表

	措辞	位：卦. 爻	卦	位：卦. 爻	卦	可能的属性
39	歌	18：30.3	䷝	34：61.3	䷼	对卦离象
40	涕	18：30.5	䷝	26：45.6	䷬	
41	股	19：31.3	䷞	21：36.2	䷣	
42	思	19：31.4	䷞	33：59.4	䷺	三刚三柔
43	辅	19：31.6	䷞	29：52.5	䷳	
44	姜	20：33.3	䷠	28：50.1	䷱	四个刚爻
45	登	21：36.6	䷣	34：61.6	䷼	
46	斯	23：40.4	䷧	31：56.1	䷷	
47	乱	26：45.1	䷬	36：63. 卦辞	䷾	
48	木	27：47.1	䷮	30：53.4	䷴	三刚三柔
49	觌	27：47.1	䷮	31：55.6	䷶	三刚三柔
50	饮	30：53.2	䷴	36：64.6	䷿	三刚三柔

表 7-12　短语中的字计数

属性＼字计数	反卦	对卦	相邻卦	之卦	三画卦	总
1	2	3	4	10	17	36
2	3		2	5		10
3	4		1	3		8
4			1			1
5	1					1
6	1			1		2
7	1					1
10	1					1
总	13	3	8	19	17	60

注：不包括爻标记的平均短语的长度是 3.3 个单词。

表 7-13　统一位和六画卦之间的文字共享分布

统一位	卦	反	对	邻	之	三	总	卦	反	对	邻	之	三	总
1	1		1				1	X						
2	X							2		1				1
3	3		1				1	4				2		2
4	5	1			1		2	6	1			1		2
5	7	1			1		2	8	1			2		3
6	9				1		1	10				1	2	3
7	11	3					3	12	3		1		1	5
8	13	1		1			2	14	1		1	2		4
9	15						0	16		2	1	1		4
10	17			1			1	18			1			1
11	19				1		1	20					2	2
12	21				1		1	22			1			1
13	23						0	24		0			1	1
14	25						0	26						0
15	27						0	X						
16	X							28					1	1
17	29		0		1		1	X						
18	X							30		0				0
19	31				1	1	2	32						0
20	33				1		1	34			1	1		2
21	35			1		1	2	36						0
22	37				1		1	38		1	2	1		4
23	39						0	40		1	2	1		4
24	41	1					1	42	1			1		2
25	43	1	0				1	44	1				1	2

续表

统一位	卦	反	对	邻	之	三	总	卦	反	对	邻	之	三	总
26	45					1	1	46				1	1	2
27	47	1		1		2	4	48	1			1	1	3
28	49		1			1	2	50		1			1	2
29	51						0	52				2	1	3
30	53				1	1	2	54					4	4
31	55						0	56			1		4	5
32	57		1	2	1		4	58					2	2
33	59					1	1	60				1		1
34	61		1			1	2	X						
35	X							62		1	1	1		3
36	63	4			0	1	6	64	4		1	1	1	6
总		13	3	6	9	13	44		13	3	10	29	21	76

注：X=对卦统一位的空成员

N 画卦理论：二元结构中的成像分类动力学本质

　　二元数字系统最初由邵雍(公元 1011—1077 年)提出，600 年后通过戈特弗里德·威廉·莱布尼茨(Gottfried Wilhelm Leibniz，公元 1646—1716 年)介绍给欧洲思想界。20 世纪 30 年代，克劳德·艾尔伍德·香农(Claude E. Shannon，公元 1916—2001 年)在电子电路中找到了该系统的应用，由此开启了导致数字信息处理的范式转换。自然二进制数序列是我从邵雍及其追随者那里逐步发展出的所谓的"N 画卦理论"的概念框架的一个方面。他们的大部分工作在于确定一组二进制数字中固有的分类关系结构，在他们的思考中，这些结构预示了言语表达，并描述了意识是如何处理随机感官信息的。他们在视觉表征中提出了潜在于这种结构的某些属性和规则，但没有形成一个系统的学科，这可能是因为他们缺乏合适的应用方式。本文提炼、概述了 N 画卦理论，并讨论了展示意识处理反映其自身二元结构的有形意象的方式。

一、引言

　　邵雍站在一种深刻影响我们世界的数学思想形式的开端。作为中国宋代的一位重要的儒家学者，邵子设计了一种生成自然二进制数序列 0 到 63 的方法。他将序列表示为一个 8×8 的数字矩阵，在下面的方图中，从左上角开始，到右下角，依次排列䷀、䷪、䷫、䷔……䷁。600 年后，戈特弗里德·威廉·莱布尼茨收到了这张图片。莱布尼茨在这些六画卦旁注上 0、

1、2、3⋯⋯63 等数字，并在其中确认了他相信二进制系统可用于算术目的信念。图 8-1 既包括了邵雍的 8×8 矩阵和圆形阵列，又包括了莱布尼茨对每卦的数字注释。

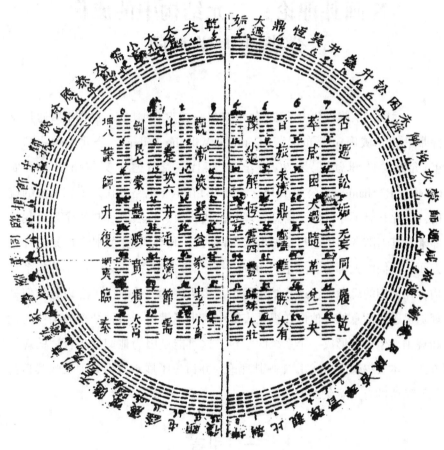

图 8-1　伏羲六十四卦方圆图①

在莱布尼茨之后，二进制数的概念再次被搁置了一个半世纪。19 世

---

①　该图取自 [美] 方岚生. 互照：莱布尼茨与中国 [M]. 曾小五，译. 北京：北京大学出版社，2013：136.

纪，乔治·布尔（George Boole，公元 1815—1864 年）和他的追随者发展了他的同名代数。几十年后，香农在 20 世纪 30 年代将代数用于数字交换，数字信息处理的时代就此开启。

在导致邵雍发现其先天方圆图的研究中，二元数序列形成了关于 { ▰▰ ▰▰，▰▰▰▰ } 集的性质的众多命题之一，该集也可以被解读为莱布尼茨的{0，1}及其组合。邵子从{0，1}的基本对立开始，通过其成员位的叠加过程，建立起他的卦系统。如图 8-2 所示，进一步组合的成员数量呈几何级数增长——从 2 到 4，从 4 到 8。

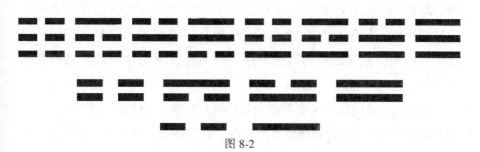

图 8-2

从下到上，如表 8-1 所示，树分枝成八个三画卦。

表 8-1

☷	☶	☵	☴	☳	☲	☱	☰
000	001	010	011	100	101	110	111

邵子模仿与《周易》及"火珠林"①相关的占卜中使用的据随占随记的符号随机建卦的过程来构建他的卦，把那个过程重复执行六次，就会形成见

① "火珠林"是与《周易》占法并行的一个卜筮传统，在中国以外鲜为人知，但在占卜实践中得到更广泛使用。它的早期历史是未知的，但术语和技术似乎一直存在于汉朝。见 Larry J. Schulz. Lai Chih-te（1525—1604）and the Phenomenology of the Classic of Change（I-Ching）[D]. Ph. D. Dissertation, Princeton University, 1982：24.

于《周易》和"火珠林"的六十四个六画卦之一。然而，邵子的序列与《周易》的设计不同。邵子生成的序列——被莱布尼茨看作 2^6 个二进制自然数的序列 000000、000001、000010、000011……111111。

《周易》卦序是 111111、000000、100010、010001……101010、010101，它不是自然数二进制顺序，而是在此简短的样本中显示的各种配对类型的特征。二进制数字被视为具有对立面的客观形式（相错卦，如 111111、000000）和镜像（相综卦，如 100010、010001），并被根据这些属性进行分组。这些分组是《周易》卦序一致遵循的规则以及应用不那么严格的其他规则。笔者前面的文章已经指出，整个序列至少包含了十几个这样的规则，好像是为了展示那些规则是如何在复杂的相互作用中共存于卦序的。目前已知的其他卦序列方案都没有包含如此丰富的基于规则的信息。

随机数生成构成了 N 画卦理论核心探究的第二条线索。随机性产生了像六画卦属性这样的模式化结果的观念，向理论家们说明了一个封闭的六十四卦组是如何能够包含现实世界事件的似乎混乱的信息流的。原因在于，不确定性被认为是在时、月、日以及生物的一般生长和衰退的可预测的循环周期中的局部条件。因此，占卜实践者相信，可以根据从这些一般周期中抽象出的类别来预测特定情况的过程。对于他们所做的这些预测及其卦爻辞的语言表述，这项研究所要阐明的只是数字卦和这些卦把口头信息组织成分类概念的能力之间的联系。这些分类有着悠久而一贯的接受传统，这种传统之所以绵延不绝，应是源于洞悉人类意识之根本原则的吸引力。我相信，它们以图形方式揭示了大脑处理信息的原则。

邵雍将他的 8×8 矩阵与《周易》进行比较，从而注意到两者之间共同的一些设计元素。邵子用图形来把爻和卦等要素视觉化的做法，成为其后一个人数不多却代不乏人的"象数"学家流派所追随的典范。这些"N画卦理论家"运用邵子的方图和圆图来表达他们的想法，试图进一步破解《周易》卦序的难题。这种努力在 20 世纪初期有所减弱。然而，我 1982 年研究来知德——一位 16 世纪的 N 画卦理论家，此学派中著名的代表人物之一——的博士论文，重新拾起了这条线索。此后，我在 1990年和 2011 年发表的论文又对《周易》卦序明显的规则和属性予以概括。山东大学的李尚信在他 2008 年的著作《卦序与解卦理路》中独立确认了我的部分假设。曲理查（Richard Sterling Cook）在他 2006 年的专著《〈周易〉卦序诠解》①中，也从传统的"象数"学者那里汲取灵感，并在他对《周易》六画卦序列的组合分析中采用了我所谓的"统一视角"，但它没有注意到我的研究。

二、N 画卦理论的方法论

N 画卦理论家将在图形中表示的二元图集和子集设计为"有意义的"命题。"有意义的"意味着一个提议包含着在一个明显基于规则的安排中共享的 N 画卦属性。支持者将三画卦和六画卦予以分类，并通过推展他们分类的主题系列来强化他们的提议。六十四个六画卦有 64! 种可能的顺序排列方式，② 提供了几乎取之不尽的实验来源。然而，在那些可能的排列中，只有有限的数量——可能是十个——被证明是足够"有意义的"而被纳入到古老的《易经》传统中，其中只有五个左右依据三画卦特征排出的序列得以流传下来。这些安排成功与否，很大程度上取决于它们同时显示的属性和规则的数量。

大约自公元前 5 世纪以来，③ 中国学者已经确定了与《周易》相关的二元的六画卦的共有属性。对《易经》文本最重要的解说，即相传为孔子所作的"十翼"，④ 包含了其中的几个属性，而几位汉代学者残存的作品也记录

---

① Richard Sterling Cook. Classical Chinese Combinatorics：Derivation of the Book of Changes Hexagram Sequence[M]. Berkeley：STEDT Monograph 5, 2006.

② 本文所用的 64! 及类似数字符号是阶乘算法，其计算方法为：n! = 1×2×3 ×…×(n-1)×n。

③ 这取决于《左传》的断代。《左传》记录了很多可能是从公元前 5 世纪开始就用三画卦分析六画卦意义的例子。

④ 即《彖》上下、大小《象》、《文言》、《系辞》上下、《说卦》、《序卦》、《杂卦》。

了一些其他的意见。① 在"十翼"中，与后来的大部分易学作品一样，这些属性被视为使《易经》文本措辞理性化的证据。然而，从邵雍开始，对二进制数属性的研究就从经典的卦爻辞解释中分离出来，转变为专注于随机数生成过程的知识子课题，并理出了所得数字性 N 画卦之间共享的属性的条目。学者们试图在 2^2、2^3 和 2^6 这样的二进制数字性 N 画卦的集合中证明这些属性的分类能力的强度，他们还留下了大量阐述其想法的方图和圆图文献。虽然易学家们在许多数字概念上与二进制达成一致，但是他们的思维方式并没有融入欧洲围绕计算二进制数字发展出来的逻辑或数学系统中。相反，N 画卦理论仍然杂糅在偶尔用作解释《易经》文本的参考的图形描述中。②

　　本文接下来要从那种杂糅的传统中提炼出数字的属性和规则，需要说明的是，本文下面的论述一般不引据经典文本，除非其表述在实践中提供了这些属性和规则的证据。这项考察是根据随机占卜过程来安排的，通过该过程，《周易》的 2^6 个数字性六画卦的个体成员得以形成。在该过程中，一系列随机绘制会创建两个类型的"爻"｛ ▅▅ ▅▅ ， ▅▅▅▅▅ ｝或｛0，1｝所构成的序列。③ 卦序列中的每个位都被视为一个时刻——一个"实例"。④ 第一个实例(下节概要 1)包含集合｛0，1｝的基本属性，第二个实例(下节概要 2)意味着集合｛00，01，10，11｝4! 的变体，第三个实例(下节概要 3)意味着集合｛000，001，010，011，100，101，110，111｝的 8! 变体。

---

　　① 汉代学者的意见保存在李鼎祚的《周易集解》中，这些易学家的许多想法都保留在"火珠林"传统中，这种占法仍然广泛见用于当代预言家。王弼的《周易略列》也因为包含了象数派的观察而成为儒家解释主流的一部分。

　　② 在"火珠林"中，它们构成了一个包括 N 画卦与六十甲子时间周期之间的联系的合理化系统的一部分。

　　③ 占卜实践者大部分通过翻转硬币来产生数字性六画卦，皮锡瑞说："论筮易之法，今人以钱代蓍，亦古法之道。"认为这是一种与火珠林相关的方法，这种占法至少可以追溯到公元 6 世纪。见皮锡瑞. 经学通论[M]. 台北："商务印书馆"，1969：45-46. 此外，儒者根据《系辞》所记的大衍筮法，认为在过去某些时候使用蓍草分类的方法来占筮。像朱熹这样的宋代学者试图重建这种方法并将其付诸实践(见朱熹的《周易图说》)。在任何一种方法中，连续中断的时间并未具体规定，而是留给实践者来决定。

　　④ 《系辞》曰："六爻相杂，唯其时物也。"

这三个步骤，介绍了在演绎六画卦集中发挥作用的基本规则和属性，并为随后的讨论确立了 N 画卦理论的基本原理。笔者在《先天方图和〈周易〉卦序共享卦属性和位置规则》和《"互体"卦与〈周易〉卦序的第四层结构》附录中描述了与六画卦组相关的属性和规则。

从第一个实例开始，数字属性被定义为比特和比特组合，它们参与了内在于随机绘制的可能结果的有序集合，并在方形矩阵和圆形阵列中被图示化为规则。由这些属性和规则所形成，其序列中的卦预示着由与《易经》有关的传统词汇所示的语言意义。传统词汇由模拟各种不同 N 画卦序列中的基础卦的并行集合组成，每个序列集都以某种方式叠加在其本身就是不同长度的自然时间周期之类比的圆形模板上。任何 N 画卦和其他以相同周长发生的现象都是彼此的类比。在每个步骤中，"默认序列"都将依据邵雍的原始图形来定义，并且被其后的易学家接受为特定的。将其他可能的顺序集与默认集进行比较，可以显出不同序列在包含放置规则时的效率。

我已经插入了一些现代二进制数学的概念，如汉明权重（HW，Hamming Weight）和汉明距离（HD，Hamming Distance），① 它们简明扼要地表达了中国该领域的共同概念，同时，我也使用真值表来比较可能的序列。请注意，在传统文献中，N 画卦是从下到上垂直构造的，使用二分线（阴爻）和直线（阳爻）作为标记，如䷀。在下文中，除非卦爻画澄清了传统概念，否则我将使用{0，1}二进制数表示法。按照中国古代先看初爻的易学传统，刚才提到的六画卦可以表示成 101010。

三、N 画卦的属性、规则、传统类比的概要

1. 第一实例

（1）随机过程在给定时间点产生 0 或 1 的样本。集合{0，1}中有且仅

---

① HW 就是任何二进制数中的 1 的总计数。例如，100 有 HW1，101 有 HW2。HD 是相应符号不同的位置数，例如，HD(100，101)=1，这表示 100 和 101 的第 3 位不同，使得它们的 HD=1。

有一个成员必须在任何给定的抽样中出现。集合{0，1}中的可能结果，如表 8-2 所示，可以显示为具有两行或两列的矩阵。

表 8-2

0	1
或	
1	0

这些顺序同样可能，然而，第一个的{0，1}是邵雍提出的默认序列。

（2）数值属性。

1）相错（即爻性全反）性：{0，1}具有相错的固有属性，1 和 0 是互斥的；

2）基数奇偶性：二进制数的最低有效位为 0 就是偶数，为 1 就是奇数。因此，{0，1}＝{偶数，奇数}；

3）汉明重量：0＝HW0；1＝HW1。

（3）安置规则。

有序集{0，1}表明：

1）基数顺序：0 和 1 是按正确顺序排列的前两个二进制自然数；

2）相错位置：相反的比特并列；

3）奇偶平价位置：在基数顺序中，0 在偶数位置，1 在奇数位置；

4）汉明重量平价：符合汉明重量计数的奇数/偶数度。{0，1}＝{HW0，HW1}＝{偶数，奇数}；

5）汉明距离：HD{0，1}和{1，0}＝1。

与默认序列集相比，另一个可能的集{1，0}仅符合第 2 项和第 5 项，而缺乏第 3 项和第 4 项校验。

（4）圆形阵列。

圆形阵列创建了矩阵中数字的模拟。在圆形阵列中，0，1 是完全相反的：

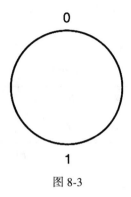

图 8-3

  两个比特可以放置在圆周上的无数个点上。然而，在中国传统思维中，圆圈是时间和空间的图标(如指南针等)，其周长构成了连续的顺序，其终点与始点是相反的，把 0 置于北极、罗盘 0 度都可以视为其标志性使用。①

  (5)词汇。

  圆形阵列将数字术语的语词类比和一系列意义相反的划类串联起来。在"十翼"中，有如下这些：{0, 1} = {阴, 阳}、② {女, 男}、{柔, 刚}、{顺, 健}、{小, 大}、{地, 天}、{寒, 暑}、{冬, 夏}。

2. 第二个实例

  (1)第二个实例是在第一实例的基础上再产生一个新的比特位。由此得到四个组合，0 或 1 变为(00 或 01)或(10 或 11)。③ 表 8-3 从左到右表示

---

  ① 请注意，许多中国传统的 N 画卦圆图(例如图 8-1 所示的邵子的圆形图和本文所附图 8-13 的"先天八卦图")都遵循上南下北、左东右西的惯例。这种方位对于星图来说很常见。在这篇文章中，笔者将北方的位置标准化为顶部。

  ② 阴、阳最早的意义关联与水岸和山的向阳面相关，山南水北为阳，山北水南为阴。《说卦》传曰："立天之道曰阴与阳，立地之道曰柔与刚，立人之道曰仁与义。兼三才而两之，故《易》六画而成卦。分阴分阳，迭用柔刚，故《易》六位而成章。"在这里，{0, 1} = {阴, 阳} = {柔, 刚}，后者是两种类型的爻。通过扩展，可以赋予类似性质的任何一对反义词作为集合的资格。

  ③ 注意，0 在前很重要。

了这里的变化过程。

表 8-3

第一	第二	=
0	0	00
0	1	01
1	0	10
1	1	11

第三列产生了四个可能的二画卦，它们等于零与前三个二进制数，即基数顺序中的前四个自然数。此顺序首先保留在邵雍的图形中，它将作为此实例的默认序列。表 8-4 是这种顺序的矩阵形式。

表 8-4

00	01
10	11

矩阵将集合的成员置于尽可能"方形"的配置中，此矩阵是 2×2。

(2)矩阵中有序集的数值属性。

1)0 在前是有意义的；

2)基数位：二进制自然数 0 至 3；①

3)对卦：00，11；

4)反卦：01，10；

___

① 请注意，邵雍按{1, 2, 3, 4} = {11, 10, 01, 00}计算它们。然而，莱布尼茨以相反的顺序对待它们；在这里，这个更熟悉的推算将适用。

5）奇偶性：{01，11}，奇数；{00，① 10}，偶数；

6）相错性：{00，11}；{01，10}；

7）汉明重量：00＝HW0；{01，10}＝HW1；11＝HW2。

总共如表 8-5。

表 8-5

00 偶 相错性 对卦 HW 0	01 奇 相错性 反卦 HW 1
10 偶 相错性 反卦 HW 1	11 奇 相错性 对卦 HW 2

（3）放置规则。

放置规则是二画卦与默认矩阵中共享属性之间的系统关系。

1）按照基数位置：二画卦是否在其序号位置；

2）按照相错性：相错的二画卦是否对角（或径向）相反；

3）按照对卦：对卦是否在默认位置；

4）按照反卦：反卦是否在默认位置；

5）按照奇偶平价：是否偶数在偶数（基数）位置，奇数也在奇数位置；

6）按照 HW 平价放置：是否偶数 HW0、HW2 或奇数 HW1 出现在默认位置。用真值表显示如表 8-6（不考虑第 1 项）。

---

① 关于 00 为偶数，见下文的讨论。

表 8-6

	基数偶	基数奇	相错	对卦	反卦	HW 偶	HW 奇	总和
00	1	0	1	1	0	0	0	3
01	0	1	1	0	1	0	1	4
10	1	0	1	0	1	0	1	4
11	0	1	1	1	0	1	0	4
总和	2	2	4	2	2	1	2	15

通过与另一个序列相比较，可以衡量该序列表达属性和规则的程度。基数的默认序列的固有属性虽提供了额外的层次，但它严重偏向度量标准，因此不被考虑。其他序列可能有一个或多个二画卦在如此建立的基数位置，并且它们也可以共享相错性的属性。比如有一个对卦出现在第一或第四个位置上，就可以得到表 8-7 这样的序列。

表 8-7

11	00
10	01

与建议的默认序列相比，表 8-8 为这种序列的真值表。

表 8-8

	基数偶	基数奇	相错	对卦	反卦	HW 偶	HW 奇	总和
11	0	0	0	1	0	0	0	1
00	0	0	0	0	0	0	0	0
10	1	0	0	0	1	0	1	3
01	0	1	0	0	0	0	0	1
总和	1	1	0	1	1	0	1	5

也就是说，它在结合被认为有意义的信息时的效率只有默认序列的1/3。在其成员中，10 处于默认的基数位置，是与根据属性的默认安置规则最相符的。另一方面，对卦、相错的反卦的并置在视觉上唤起了这些属性，而 N 画卦理论家可能会提出这样的序列以突出这些特性。在这种情况下，违反规则成为将注意力集中在特定属性上的工具。

（4）圆阵。

在第二个实例中，圆形阵列有四个基点。矩阵关系可以通过围绕圆周的顺序流动来表示。

1）默认顺序，如图 8-4 所示，是基数顺时针顺序。

2）第二种选择，如图 8-5 所示，是把相错卦置于径向相对的位置。

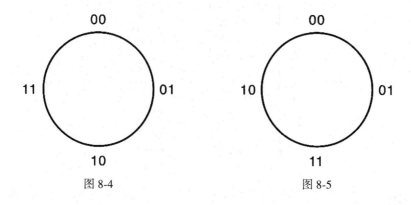

图 8-4　　　　　　　　　　　图 8-5

以上两种选择表明，从圆形阵列的角度来看，特定的卦可以占据不同的点，并描绘出相应的类比意义。在这种情况下，11 可以在 270 度或 180 度的位置，这取决于其前后的顺序。

（5）词汇

二画卦不像中国传统中的单画卦、三画卦和六画卦那样有丰富的同义词。从邵雍的意见来说，｛00，01，10，11｝＝｛老阴，少阳，少阴，老阳｝。

3. 第三个实例

(1)随机数生成的第三个实例生成了集{000，001，010，011，100，101，110，111}的成员，这种生成的过程，如表 8-9 所示，取决于前两个实例中的基本生成法则。

表 8-9

第一	+第二	+第三
0	00	000
0	00	001
0	01	010
0	01	011
1	10	100
1	10	101
1	11	110
1	11	111

第三列从上到下构成的是邵雍的默认序列，它建立在第二个实例的原则上。由于正方形不能由八个构件构成，因此将它们表示为表 8-10 那样的二行矩阵。

表 8-10

000	001	010	011
100	101	110	111

(2)默认矩阵集成员的属性。

1)0 在前是有意义的。

2）基数位：二进制数 0 至 7。

3）对卦：000、010、101、111（在表 8-11 的灰色单元格中）。

4）反卦：001、011、100、110（在表 8-11 的无色单元格中）。

表 8-11

000	001	010	011
100	101	110	111

5）奇偶性：在第三实例中，在基数顺序和汉明重量方面存在平价：

a. 基数平价：偶数 = ｛000，010，100，110｝；奇数 = ｛001，011，101，111｝；

b. 汉明重量：奇数、偶数。HW1｛001，010，100｝和 HW3｛111｝都属奇数性（在表 8-12 的无色单元格中）；HW2｛011，101，110｝和 HW0｛000｝属偶数性（在表 8-12 的灰色单元格中）①：

表 8-12

	基数偶	基数奇	基数偶	基数奇
HW 偶	000 0	001 1	010 1	011 2
HW 奇	100 1	101 2	110 2	111 3

6）相错性：如图 8-6 所示，当序列重新开始时，相错卦处于对角线上。

---

① 《易·系辞下》曰："阳卦多阴，阴卦多阳，其故何也？阳卦奇，阴卦偶。其德行何也？阳一君而二民，君子之道也。阴二君而一民，小人之道也。"

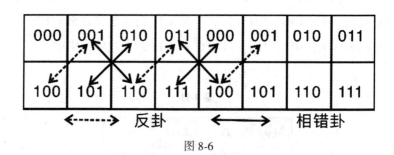

图 8-6

7) 汉明重量(表8-13)。

表 8-13

	000	001	010	011	100	101	110	111
HW	0	1	1	2	1	2	2	3

表8-14展示了每个三画卦与其他卦之间的汉明距离。

表 8-14

	000	001	010	011	100	101	110	111
000	0	1	1	2	1	2	2	3
001	1	0	2	1	2	1	3	2
010	1	2	0	1	2	3	1	2
011	2	1	1	0	3	2	2	1
100	1	2	2	3	0	1	1	2
101	2	1	3	2	1	0	2	1
110	2	3	1	2	1	2	0	1
111	3	2	2	1	2	1	1	0

总之，表 8-15 反映了三画卦所具有的属性。

表 8-15

	基数	基数偶	基数奇	相错性	对卦	反卦	HW 偶	HW 奇
000	0	0		111	000		0	
001	1		1	110		001		1
010	2	2		101	010			1
011	3		3	100		011	2	
100	4	4		011		100		1
101	5		5	010	101		2	
110	6	6		001		110	2	
111	7		7	000	111			3

（3）安置规则。

1）默认矩阵。

①对于默认矩阵中的三画卦，这些规则是：

a. 按照基数位置：三画卦是否在其基数序号位置。

b. 按照相错性：相错的三画卦是否对角（或径向）相反。

如第 6 项相错性所述，对卦和反卦在对角位置的配对取决于矩阵序列的重复。反卦组（001 与 100，011 与 110）和对卦组（010 与 101，000 与 111）的对角线方向一致，而反卦中的相错卦（001 与 110，011 与 100）则在另一个方向的对角线上。

c. 按照对卦：对卦是否在默认位置。

d. 按照反卦：反卦是否在默认位置。

e. 按照奇偶平价：是否偶性三画卦在偶数（基数）位置，奇性三画卦在奇数位置。

f. 按照 HW 平价放置：是否偶性 HW（0，2）或奇性 HW（1，3）的三画卦在其默认位置。

②这些默认属性的规则的真值表如表8-16所示，（不算基数顺序）。

表 8-16

	基数偶	基数奇	相错	对卦	反卦	HW 偶	HW 奇	总和
000	1	0	1	1	0	1	0	4
001	0	1	1	0	1	0	1	4
010	1	0	1	1	0	0	1	4
011	0	1	1	0	1	1	0	4
100	1	0	1	0	1	0	1	4
101	0	1	1	1	0	1	0	4
110	1	0	1	0	1	1	0	4
111	0	1	1	1	0	0	1	4
总和	4	4	8	4	4	4	4	32

《说卦》传提出了两个已被纳入N画卦理论的三画卦序列，它们至少与默认序列一样重要。如表8-17所示，第一个基于相错性，① 第二个基于串联结构，代表季节性流动。②

表 8-17

| {相错} | 111 | 000 | 001 | 110 | 100 | 011 | 010 | 101 |
| {流行} | 100 | 011 | 101 | 000 | 110 | 111 | 010 | 001 |

2）{相错}矩阵。

①{相错}矩阵可用表8-18表示。

① 《易·说卦》曰："天地定位，山泽通气，雷风相薄，水火不相射，八卦相错。"

② 《易·说卦》曰："帝出乎震，齐乎巽，相见乎离，致役乎坤，说言乎兑，战乎乾，劳乎坎，成言乎艮。"

表 8-18

111	000	001	110
100	011	010	101

②表 8-19 是 {相错} 矩阵的比较真值表。

表 8-19

	基数偶	基数奇	相错	对卦	反卦	HW 偶	HW 奇	总和
111	0	0	0	1	0	0	0	1
000	0	0	0	0	0	0	0	0
001	0	0	0	0	0	0	1	1
110	0	0	0	0	1	1	0	2
100	1	0	0	0	1	0	1	3
011	0	1	0	0	0	1	0	2
010	1	0	0	0	0	0	0	1
101	0	1	0	1	0	0	0	2
总和	2	2	0	2	2	2	2	12

　　这个集合把相错的卦并列起来，依次排列。对卦组位于序列的两端，而反卦组在中间，且反卦组以 HW 为奇的卦在前。这些是值得注意的附加规则，它们代表了序列作者的选择，这些选择反映在《周易》六画卦序列中。与默认集合相比，{相错} 序列展现的规则更少。①

　　③由此我们得出一般观察：

　　a. 规则可以通过设计来强加。

---

　　① 虽然可能有人认为如果 {相错} 顺序是默认的，比较结果将会逆转，默认顺序提供了自然数字序列的附加层。无论如何，默认集的想法是为了创建比较的基础，而不是必要条件。

b. 并非所有规则都必须在所有集合中被严格遵守；相反，一条规则可以被暗示。也就是说，某一序列可以容纳在其他序列中被观察到的规则，它们得到了更充分的陈述，足以确定其存在。

c. ｛相错｝矩阵中的其他设计规则也适用于《周易》：

i) 相错的卦组并置，依序排列。

ii) 汉明重量为基的卦在反卦组中位于前列。

2) ｛流行｝矩阵。

① ｛流行｝矩阵可用表 8-20 表示。

表 8-20

100	011	101	000
110	111	010	001

② 表 8-21 是 ｛流行｝ 矩阵的比较真值表。

表 8-21

	基数偶	基数奇	相错	对卦	反卦	HW 偶	HW 奇	总和
100	1	0	0	0	0	0	0	1
011	0	1	0	0	1	0	0	2
101	0	0	0	1	0	0	0	1
000	0	0	0	0	0	1	0	1
110	1	0	0	0	1	0	0	2
111	0	1	0	1	0	0	0	2
010	1	0	0	0	0	0	0	1
001	0	1	0	0	0	0	1	2
总和	3	3	0	2	2	1	1	12

关于 ｛流行｝集，常被引用的经典文本是《说卦》传，它被描述为诸如四

时交替、指南针的点和人类事务的循环过程等。请注意，在流行序列中，如果在 001 之后重复一次该序列，那么 HW 为偶和为奇的卦就是以类相从的，如表 8-22 所示，从 011 到 110，四个 HW 为偶的卦依次排列，从 111 到 100，四个 HW 为奇的卦也依次排列。

表 8-22

{流行}	100	011	101	000	110	111	010	001
HW	1	2	2	0	2	3	1	1

该设置是一种可能的设计规则，尽管它似乎没有在其他地方被使用过。HW 分组在公元前 1 世纪首次出现的"卦气图"的六画卦序列中发挥了作用。① 汉明重量高的六画卦倾向于分布在 111111 之后，而汉明重量低的六画卦则列于 000000 之后，这导致了一种分布，它图示出一种季节性的从一爻在仲夏增至六爻的息长和相应在仲冬的消退过程。然而，除了这一创新之外，{流行}集没有显示出足够的一致规则作为比较的基础，来挑战{相错}集或我们的默认集。

（4）圆阵。

在邵雍的圆形图示中，{相错}序列（在《说卦》中被表述为成关于物象的序列）被重新配置为如表 8-23 所示的{相错乙}集，以便其对立的成员可以在直径两端显示。② {相错乙}集的 101 被置于首位，与{流行}集的 100 同步，在相当于圆周的 90°位置。

表 8-23

{相错乙}	101	110	111	011	010	001	000	100

① 见本书《〈易经〉卦序的季节性结构》一文。
② 这个序列首先出现在邵雍的著作中，邵雍称之为"先天"。流行序列是"火珠林"中的一个特征，但是邵子开始称它为"后天"，与前者相反。参见朱熹. 周易本义. 朱子全书(壹)[M]. 上海、合肥：上海古籍出版社、安徽教育出版社，2002：22.

如图 8-7 所示，从内圈向外，依次是 ｛相错乙｝集、默认序列和 ｛流行｝
集的循环分布。

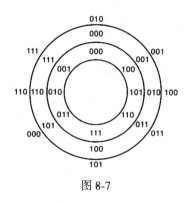

图 8-7

从上图 90°位置来展开这个圆阵（据 ｛流行｝周期开始），就可以得到如
表 8-24 所示的三个序列。

表 8-24

度	90	135	180	225	270	315	0	45
｛相错乙｝	101	110	111	011	010	001	000	100
｛默认｝	010	011	100	101	110	111	000	001
｛流行｝	100	011	101	000	110	111	010	001

在我所知道的任何图形中，默认的三画卦序列尚无被分布于圆形阵列
的模拟形式。然而，在六画卦的圆形排列中，000000 处于 0°位置。① 图 8-
7 所遵循的就是这种惯例。在大多数情况下，三个圆形三画卦阵列在特定

① 例如，在前面的"引言"中所列的邵雍圆形阵列的复制图中，000000 与冬至有
关。然而，在邵子和许多其他的 N 画卦图形中，方向会随着一时流行的星图被颠倒（见
本文所附图 8-13）。

位置上有所不同。尽管如此，|相错乙|集的 101 和|流行|集的 100 在季节上都模拟春天、在方位上都模拟东方；|相错乙|集的 111 和|流行|集的 101 都被视为夏天和南方。当解易者选择其中一个三画卦内涵而不是另一个时，他会通过扩展来调用该卦作为其成员的整个八卦集。因此，参考这些分类序列，其中 101 是"春季"时，111 是"夏季"，010 是"秋季"。其中 101 是"南方"时，111 是"西北"，010 是"北"。

（5）词汇。

"十翼"中的《彖》《象》和《说卦》等传列出了大量三画卦的类比语词，表 8-25 列举了《彖》《象》中用于解释《周易》六画卦名的词语。

表 8-25

☷	☶	☵	☴	☳	☲	☱	☰
000	001	010	011	100	101	110	111
地	山	雨	风	雷	电	泽	天
顺	止	陷	巽	动	明	说	健
柔					丽		刚
阴							阳
		云	木	震			
		水			火	水	

《说卦》传不仅也列出了这些词语，而且还举出了许多其他拟象语词，只是其中的大多数并未出现在《彖》和《象》解释《易经》卦爻辞的内容中。事实上，虽然后来的易学家宽松地用《说卦》词汇来解释卦爻辞，但是《说卦》词汇的来源并不能与《周易》明确联系起来。①

4. 第四到第六个实例

虽然在实践中随机比特（爻画）生成的过程被带到了《周易》和"火珠

---

① 见本书《卦属性与卦爻辞的关系》一文。

林"的第六个实例,但是"十翼"或传统的易学家都没有对四画卦或五画卦进行单独的讨论。事实上,许多易学家都批评邵雍通过第四和第五步产生六画卦的想法。《系辞下》开篇就说:"八卦成列,象在其中矣。因而重之,爻在其中矣。"《说卦》也说:"兼三才而两之。"正统学者常常引用这两段话作为证据,来说明六画卦实际上是两个三画卦相重而成的。①

尽管如此,笔者仍赞同对前三个实例进行上述分析,这有两个原因。首先,通过视觉评估,前三个实例中出现的规则和属性比后来的迭代更容易被识别。六画卦可能序列的 64! 种数量使得在上面所尝试的各种比较在操作上变得繁重难行。其次,二画卦、三画卦的属性和规则对于六画卦仍然有效,当然,六画卦层面还另外增加了一些功能。我采用了另一种方法,从邵雍称为"先天方图"的 8×8 矩阵和《周易》卦序推导出那些六画卦序列中可被识别的属性和规则。这些在前面的几篇文章中都有解释,并在《"互体"卦与〈周易〉卦序的第四层结构》中做了总结(见该文的附录)。

四、讨论

(一)随机实例

在 N 画卦理论中,创建偶然中断的过程是随机的。这里所谓的随机,是在"真实"或"经典"意义上的,例如骰子投掷、硬币翻转和从洗过的纸牌中抽牌等,而不是由计算机生成的近似随机性。后者虽能达到足够高的随机性,以便满足统计要求,并可快速生产,但它受到"纯"随机性的软件架构的限制。相比之下,最像 N 画卦理论中比特(爻画)生成模型的翻"公平硬币"或抽签这类,获得了无限的随机性,而这是一个缓慢的过程,不适合统计分析目的。

无论这种差异是否明显可观,N 画卦理论的开发者只处理这种"真实"

---

① 胡渭. 易图明辨[M]. 台北:广文书局,1971. 第七卷。

的随机过程，即使他们本身未曾言及随机性。① 他们在随机数生成方面的经验历史悠久，早在他们记录并思考其含义时就已开始。② 在古代中国，通过随机过程进行的预测，与将天数用于历法一样，是重要的官方功能之一。到了汉代，律历家使用的数学概念通过将六十四个六画卦配入季节循环的努力而找到进入 N 画卦理论的途径。③

《系辞》传将由翻硬币或抽签给出的结果归因于抽象势力"神"，④ 通常，0 或 1 的结果被视为"天命"的显现。除了这些看似神圣的归属之外，N 画卦理论其余的部分几乎完全是物质主义的，学者们在研究中一丝不苟、严谨细密。《系辞》在一个不精确的段落中描述了如何通过随机的打乱和抽取蓍草的过程来创建标记 0 或 1 的。后来的学者从该描述中得出了一种操纵秸棍的方法，如果期望的结果只是产生两个随机比特位（爻画）中的一个，那么该方法是不必那样复杂的。常用的"火珠林"法，在宋朝时被用于《周易》占卜，抛三个铜钱，然后统计其正反面总数，这样的方法同样真实。其实，由一枚铜钱也足以形成一个六画卦，⑤ 而那复杂的练习增加到

---

① 对概率的系统研究可以追溯到 16—17 世纪的欧洲，但直到 19 世纪后期，世界其他地方也没有同类研究。OED 引用了 1898 年在《皇家学会哲学会刊》中首次用作概率意义上的"随机"（random）一词。"随机"是这个术语的中文对应词。表达该词意义的经典词源可能是"乱""混沌"或"杂"，"杂"见于《杂卦》的标题。其中，六画卦在《周易》对卦和反卦组中出现的先后次序，有一定的随机性，但其实可能是一个故意造成的随机序列。巽卦二爻爻辞"用史巫纷若"的"纷"好像有"随机"的味道。但我没发现这些在用于构造六画卦的硬币翻转或随机抽签过程中有任何应用。

② 用于星占和龟卜的甲骨文记载了日期和所占问题，公元前 5 世纪的《左传》涉及了占卜结果，而后来的王朝历史也是如此。

③ 把六十四卦列入卦气图中。见本书《〈易经〉卦序的季节性结构》一文。

④ 公元 2 世纪的字典《说文》将术语"神"定义为"天神，引出万物者也"。《系辞》也从这种神圣意义中引该词与对反双方有关的说法："阴阳不测之谓神。"王弼将该术语用于《周易》，说"神也者，变化之极，妙万物而为言，不可以形诘"。请注意，在西方科学史上，随机性和宗教观点之间的界限仍然不明确，阿尔伯特·爱因斯坦的名句说："上帝不会与宇宙一起玩骰子。"

⑤ 这取决于允许多少"变爻"，从十四个《左传》中的例子可以看出，在最早的记录占卜经验使用的系统中只产生了一个变爻。（见《先天方图和〈周易〉卦序共享卦属性和位置规则》）因此，一个硬币和一个六面骰子可以产生六画卦和其中一个变爻。

占卜过程中的唯一附加因素是影响它们的时间。例如，收集和随机操作三个硬币或四十九根蓍草，会不可预测地将连续的实例空间化，这有效地使序列中的各个实例的时间也成为随机的。

1. 邵雍随机实例的进展

到王弼在3世纪作《周易注》的时候，《系辞》中暗含的占卦过程和其他关于二元卦的学问已经变得模糊不清。8个世纪后，邵雍开始着手重建将随机数生成与六画卦结果联系起来的理论基础。他开发了可能的{0，1}组合的树形示意图，① 使衍生过程直观化，并发现在方形矩阵和圆形阵列中组织机械地被生成的序列带来了对称性，这些对称性构成了《"互体"卦与〈周易〉卦序的第四层结构》一文附录中所列举的属性和规则的基础。如上所述，这个"加一倍"的概念，在主流儒家看来是有争议的，因为"十翼"清楚地把《周易》六画卦及其独特的卦名、卦爻辞描述成一个三画卦叠加到另一个三画卦上的结果。所以，"十翼"和后来的学者都没有思考四画卦和五画卦的独立意义。

无论这个解释性问题如何，在构建六画卦时，与分析所系语词的语法不同，一个人必须执行一系列的六个实例。在这个意义上，邵雍的树形图揭示了随机过程分类的方面，显示了0、1小路经由六个实例最终形成六十四个独特的六画卦的通道。在这样做的过程中，他发现了在他的前两个决定后逐步自动形成的六画卦的排序的纲要。那两个决定是：1) 在第一个实例中将{0，1}放置为{左，右}；2) 将{0，1，0，1}保持为第二个实例：

---

① 朱熹将图表背后的思路追溯到希夷先生(陈抟，公元872—979年)，将其置于邵雍之前1个世纪。朱熹. 周易本义. 朱子全书(壹)［M］. 上海、合肥：上海古籍出版社、安徽教育出版社，2002：22.

表 8-26

第三	0	1	0	1	0	1	0	1
第二	0		1		0		1	
第一	0				1			

　　从第二个实例开始，邵雍的二元自然数顺序就是按照这个原理自己产生的。二进制数字从一个有序的 $\{0, 1\}$ 集合中呈几何级数地增长，这种增长的模式相当精密，当它激增时，仍保持其简单的底层结构。这种结构尽管是从随机过程推导而来的，却是规则并且可以被理解的。虽然它纯粹是数字的，但是在第三个实例中，它被解析成一个序列，其成员作为默认三画卦矩阵的属性和规则，处于上面讨论的常规间距关系中。

2. 随机集合中的模式

　　N 画卦理论家批评正统儒家过分关注占卜过程的最终结果——即卦爻措辞——而忽略了探索通过随机过程产生的六画卦之间的相互关系。笔者进一步发展了这一概念，认为 n 个随机实例通过扩展创建了一个随机排序的 2^n 个可能卦集。也就是说，由翻硬币定义的实际中断是必定被随机化的可能性集合的成员之一。例如，三个随机实例生成的 011，意味着 7! 种三画卦集合中的一个的可能配置，为方便起见，我们可以将 011 作为随机序列的第一个。如表 8-27 所示，在随机网（random. org）上可以通过矩阵形式生成随机集 $\{011, 001, 110, 010, 101, 100, 000, 111\}$。

表 8-27

	1	2	3	4
A	011	001	110	010
B	101	100	000	111

该矩阵的属性与规则真值表，如表 8-28 所示。

表 8-28

	基数偶	基数奇	相错	对卦	反卦	HW 偶	HW 奇	总和
011	0	0	0	0	0	1	0	1
001	0	1	0	0	1	0	1	3
110	1	0	0	0	0	0	0	1
010	0	0	0	0	0	0	0	0
101	0	0	0	0	0	0	0	0
100	0	0	0	0	0	0	0	0
000	1	0	0	0	0	1	0	2
111	0	1	0	1	0	0	1	3
总和	2	2	0	1	1	2	2	10

这个序列的效率不到默认矩阵的三分之一，当然，除了 001 和 111 这两个成员之外，其他成员都缺少默认集的基数顺序。这两卦将该集合固定到默认集合的"含义"上，而其余的卦则创造了一个标示该集合独特性的签名。在其中，三组相错的卦——001，110；010，101；000，111——依次出现，后两者是对卦。这些相错卦的配对，使汉明距离在连续位置之间为 1 或 3；在矩阵中，除了 100 在 B2 之外，反卦（A1，A2，A3，B2）和对卦（A4，B1，B3，B4）是连续的分组。除了在默认集合或经典词汇中可能加于 011 的任何定义之外，这些可被视为在该特定配置中定义 011 的特别规则。因此，将随机生成的卦视为一连串的随机集，就把三画卦或六画卦中的"含义"绑定到产生它们的随机抽样过程上了。在这里，随机过程产生一定程度的可察觉的"意义"，因此，"意义"成为随机性模式的函数。

3. 关于六画卦中奇/偶位的要求

除了随机集合中的卦之间的关系之外，另一个对相关意义有贡献的随机动态在于一卦之中爻的位置。① 在 0 比特(阴爻)跟随或"乘"1 比特(阳爻)的地方，"十翼"有许多负面观察。例如，第三个六画卦屯卦(1[0]0010)的《象》传说："六二之难，乘刚也。"相比之下，凡是 0 比特"承"一个 1 比特时则处于较好的关系。例如在节卦(110[0]10)中，第四阴爻的正面意义归因于它参与第五阳爻的力量，其《象》曰："安节之亨，承上道也。"

另一个经典惯例也与六画卦中的偶数和奇数位置有关。在六画卦家人卦(1[0]10[1]1)中，第二位的[0]是在偶位的偶性爻，第五爻[1]是在奇位的奇性爻。这两爻被认为处于它们的"正位"，其《象》辞云："家人，女正位乎内，男正位乎外。"就像邵雍的随机实例树在六画卦层面通过 101010 扩散那样，在每个 N 画卦集中，只有一个卦完全满足这些奇偶的要求，所有其他六画卦在某种程度上都缺乏这种定义的品性。毫无意外，101010 与其相综且相错的伙伴 010101(唯一六位皆"不正"的六画卦)是《周易》卦序的最终的一对。

除了位置"正"或"不正"外，这两个六画卦还说明了每四个连续爻位的首尾位置之间被称为"应"的理想平衡原理。如果在六画卦中两爻在相应位置阴阳相反，那么两爻是"相应"的。也就是说，如果初爻是一个 0 比特(阴爻)，第四爻是个 1 比特(阳爻)，那么两个爻位相应。初爻与四爻、二爻与五爻、三爻与上爻是构成六画卦的两个三画卦中的对应位置，它们相应或不应被视为活跃在三画卦组件之间的一种力。《象》传经常使用相"应"关系来解释六画卦的卦名和卦爻辞。

从承乘、正位和应爻这三种关系来看，似乎是两个原始位的必要对立将奇偶要求建立在对后续实例的隐性预测中的。这种要求的满足并不总是产生积极的解读(如前段所引用的屯卦的例子，二爻虽在"正"位，但其爻辞曰"难")。然而，即使在任何爻位上出现 1 或 0 的概率相等，屯卦的例

---

① 王弼在《周易略例》中总结了六种爻位功能："夫应者，同志之象也；位者，爻所处之象也；承乘者，逆顺之象也；远近者，险易之象也；内外者，出处之象也；初上者，始终之象也。"

子也可能是阴爻在偶位、阳爻在奇位这种正位理论的反例。①

默认矩阵表明了一种可能的顺序放置,将所讨论的集合中的所有成员都囊括其中。然而,{0, 1}、{00, 01, 10, 11}和{000, 001, 010, 011, 100, 101, 110, 111}在各自的情况中都是多种可能序列之一,它们被选为默认序列,来衡量其他序列中规则的表达,因为它们表现出邵雍和莱布尼茨都认可的自然数字的基数规则。然而,这种秩序源于邵氏对构造六画卦的随机占卜过程的概念化。从这个意义上说,自然二进制数的顺序是在随机性中被想到的无序的一种有序结果。

(二)数字属性和安置规则

在 N 画卦理论中,用二进制数定义的规则和属性是同一枚硬币的两面——属性显而易见,因为规则使它们凸显出来。第一个实例建立了相错性和奇偶平价的属性。可能有人认为相错是一种规则而不是属性。然而,0 和 1 有根本的差别,它们不能同时存在于同一个实例中。因此,0 和 1 各自具有相反的属性,它们每一个的属性都由其在可能的序列{0, 1}中的伙伴的属性来定义,相错的放置规则体现在这个可能序列中。至于奇偶平价,它使{0, 1}序列集带有《系辞》传所说的{偶,奇}公理性属性。在这个意义上,如同在算术原理中那样,"奇数"是指不能被 2 整除的数。1 显然是奇数,而 0——与 1 相反——是偶数。重要的是,这种区别确定 0 不是计算数学中的空集或加法恒等元,与 1 一样,0 是一种存在状态,是偶数,以 0 结尾的所有其他二进制数均为偶数。

由于这个原因,在{0, 1}序列中,前置的 0 是 N 画卦序列中的基本比特位,并且和 1 比特位在相同的过程中生成,也具有相同的"存在"程度。

---

① 这种信念让人联想到在认知科学中研究的"赌徒的谬误",它是大脑对随机性的固有理解的表征。参见 Louis D. Goodfellow. A Psychological Interpretation of the Results of the Zenith Radio Experiments in Telepathy[J]. Journal of Experimental Psychology: General, 1992, 121(2): 130-144; Y. Sun, H. Wang. Gambler's Fallacy, Hot Hand Belief, and Time of Patterns[J]. Judgment and Decision Making, 2010, 5(2): 124-132.

莱布尼茨在他所得到的邵雍 8×8 矩阵的副本上将 000000 标记为 0、000001 标记为 1。然而，莱布尼茨的二进制计算数学和 N 画卦理论之间存在着诸多差异：第一，正如他自己对二进制数字的解说所示，他并不考虑 0 在前的位置特征。第二，邵子的序数概念，与莱布尼茨读邵氏图形的顺序恰好相反。如表 8-29 所示，邵子的三画卦序列以 111 为首，其后依次是 110、101、…、000，而莱布尼茨则按照二进制自然数的顺序依次将该序列读为 000、001、010、…、111。邵雍的想法，与把 1 视为开始事件的动作的标识、把 0 视为完成并返回停止的标识相一致。在三画卦中，111 保持 1 的原初感觉，在所有位置都是积极的，而 000 在所有地方都是消极的，并且相当于 0。在邵雍的思想中，剩下的三画卦都是 0，1 的混合物，并且它们的位次要按照它们与 111 的关系来排定。

表 8-29

	☷	☶	☵	☴	☳	☲	☱	☰
莱布尼茨	0	1	2	3	4	5	6	7
	000	001	010	011	100	101	110	111
邵雍	8	7	6	5	4	3	2	1

第三，邵雍是从下到上来看三画卦的，而莱布尼茨在将三画卦转写为二进制数时采用的却是从左到右的方向，这个让人印象深刻的差异使得三画卦的上爻对莱布尼茨而言是最不重要的比特位。

第四，莱布尼茨的理论是用于算术概念的，而 N 画卦理论不是计算性的，它没有加法或乘法运算，因此也没有会产生更高位置值的算术进位。相反，N 画卦理论把一个集合看作一个独立的类别，它重复却不升位。例如，在三画卦集中向前数 9 个位置，就重新见到同样的卦。这种独立性是周期性的本质，它既支持向圆形阵列的转换，又是词典中语言类比封闭集合的比较定义的基础。因此，N 画卦理论是描述性的，而不是计算性的。它是关于封闭集合中的比特位及其组合的含义。

1. 对卦

到了第二个实例，在第一个实例中看起来可能微不足道的数值属性和规则的各方面内容开始获得清晰度，同时也引入了《周易》六画卦序列的两个关键特征，即对卦和反卦之间的区别。这两种卦总是在《周易》卦序中成对出现，确实是解开整个卦序列结构之谜的关键。对卦是回文，从任何一端开始读都是相同的卦。邵雍的卦序列以 000000 和 111111 为首尾，同时以 111111 在前，成对出现在《周易》卦序的开头。在《周易》卦序中，剩余的 6 个对卦成对置于上、下经两个子序列的尾部，它们被选来作为序列的边界。成对并立的两个对卦，汉明距离值最大——在六画卦中是 HD6，在三画卦中是 HD3。

2. 反卦

反卦以相反的顺序共享比特位。如果一对反卦在序列中相邻，那么它们可被视为能从任一端读取的一个单元或"统一位"。该特征是笔者在前面几篇文章中引入的统一视角的基础。在统一视角的顺序中，在前的一卦被选来代表一对反卦。这使得表示四个成员集所需的单位数量可以从四个减少到三个。以二画卦集 {00，10，01，11} 为例，若用 10 在前并代表着 {10，01}，该序列可简化为统一视角 {00，10，11}。二画卦集的四个成员可以排列出 4! (24) 种可能的序列，但采用反卦并置后，这 24 种可能序列中的一半，因包含着 {10，01} 或 {10，01} 这样的并置集，便可以化约为如表 8-30 所示的十二种统一位序列。

表 8-30

00, 01, 11	11, 10, 00		
00, 11, 01	11, 00, 10	01, 00, 11	10, 11, 00
00, 10, 11	11, 01, 00		
00, 11, 10	11, 00, 01	01, 11, 00	10, 00, 11

如果反卦是配对的，10 在前并代表着{10，01}，那么{00，10，11}就意味着{00，10，01，11}，如此便节省了两个比特，在表达相同信息量的方面，效率提高了25%。然而，可能有人会认为，把强制成对反卦并置的策略约束了随机序列的构建。如果反卦配对是随机抽取实例的一个限制，那么每当10或01出现时，两者都将从继续抽取的池中被移除，可能结果的数量将从24减少到12。如果统一位卦只是在开发随机序列的过程中出现的一对反卦的简写方式，这个问题——如果它是一个难题——将会被缓解。于是，如果10出现在随机集中，而01没有出现，那么10将作为该对在前者来代表两者。

若把这种表示策略应用于三画卦，用于安排八个集合成员的单位数可以从八个减少到六个(或从二十四比特减少到十八比特)。比如，若在默认序列{000，001，010，011，100，101，110，111}中采用反卦配对的策略，就可能得到{000，001，010，011，101，111}这样的序列，若进一步采用对卦配对策略，{000，001，010，011，101，111}序列又可能变成{000，111，001，011，010，101}，这最后得到的序列的特征是，用成对的对卦作为开始和结束标记，并在首尾对卦组之间插入成对的反卦，这也是《周易》的基本规则结构(虽然前两个统一位的顺序颠倒了)。在《周易》中，三十六个统一位卦可以用来代表所有六十四个六画卦，其信息效率提高44%。

卦的一致配对是一种技巧。一旦选择了配对方式，对卦的视觉对称性就很可能使它们的并置被视为一个相对明显的选择。然而，反卦配对的理由并不是那么明显。既然对卦配对已经说明了每一爻都相反的机制，为什么不以同样的方式处理反卦配对，让它们也与其相错的反卦配对呢？笔者曾讨论过约鲁巴人的四画卦序列。① 该序列与《周易》传统没有明显的关系，却表现出相同类型的对卦和反卦配对特征。这些 N 画卦理论的属性和规则——特别是反卦的看似不直观的配对——反映了设计和使用它们的人的心中对二元卦的近乎天生的理解。

---

① 见本书《先天方图和〈周易〉卦序共享卦属性和位置规则》篇附录。

3. 先天、后天的三画卦序列

邵雍也会同意，正是人心在他图形中的六画卦之间建立了这种联系，他说："先天学，心法也。图皆从中起，万化万事生于心也。"①"先天"一词出自乾卦的《文言》传，其言曰："夫大人者，与天地合其德，与日月合其明，与四时合其序，与鬼神合其吉凶，先天而天弗违，后天而奉天时。天且弗违，而况于人乎？况于鬼神乎？"如此，"大人"无论在宏大的规模还是局部变幻莫测的运气上都与天地、四时的循环同步。这样的理解，允许一个人以"天弗违"的方式"先天"预测作为时间现象之源的天的运行。N画卦理论家将邵雍的{相错乙}三画卦序列称为"先天"的。② 在《文言》同一段话中，"后天"短语首次出现，而N画卦理论家用它来指称{流行}三画卦序列。③

因此，对于N画卦理论家而言，如同天体的一致运动可用于预测日食那样，"先天"意味着一种可以用可预测的数学规律来描述的序列。同时，似乎在《周易》最初被写定时，"先天"已被人们很好地理解了。{相错乙}三画卦序列含括了该顺序：它在规则应用上是规律的。相应地，在N画卦理论家看来，"后天"是指在季节性的当地表现形式中发生的事件，例如天气和人类活动，这些事件只有极少是可以预测的。这种不确定性反映在后天三画卦{流行}序列中，该序列少了可供遵守的规则，而代之以所谓的叙事方法。《说卦》将"后天"序列视为"帝"走向世界以完成其工作的过程。于是，作为类比，{0, 1} = {阴, 阳} = {后天, 先天} = {真实, 理想}。

N画卦理论将这些类比扩展到主要的六画卦序列：相较于《周易》整体

---

① 邵雍. 皇极经世. 邵雍全集［M］. 郭彧、于天宝，点校. 上海：上海古籍出版社，2016：1228.

② 邵雍用传说中的圣王伏羲之名来命名他的{相错乙}三画卦序列和相关的六画卦序列，《系辞下》云："古者包牺氏……始作八卦。"邵子认为该顺序来自"自然数"，因此在性格上是"先天"的。参见吴康. 邵子易学［M］. 台北：商务印书馆，1948：16.

③ 邵雍将{流行}序列指定为"文王八卦"，并将它称为"后天之学"。参见朱熹. 周易本义. 朱子全书（壹）［M］. 上海、合肥：上海古籍出版社、安徽教育出版社，2002：22.

不对称方案的"后天"卦序，邵雍的 8×8 矩阵是"先天"图。然而，在《周易》的六画卦序列中，"上经"子序列被看作"天道"，"下经"被看作"人道"。上经以一对对卦（111111、000000）开始，并以剩余的六个对卦中的四个（011110、100001、010010、101101）结束。首尾之间，毫无例外地遵守了 HW 平价规则。此外，上经比特净剩余为 0，按汉明重量平价定义和天的类比，上经为阳。

下经选择以四个三画反卦的相重卦开始和结束。它包含了剩余的两个对卦（001100、110011），但并没有将它们精确地放在下经的末端，而是以由对卦三画卦 101、010 交叉相重而成的 101010、010101 作为结尾。如上面所提到的，101010 是唯一六爻都符合阳奇阴偶规则的六画卦。下经还允许整个序列中唯一的例外来自 HW 奇偶校验规则。因此，《周易》的卦序，虽然总体上是一个尘世的"后天"性格，但是其第一个子序列中反映了"先天"的对称性，而其"下经"子序列中反映了混杂世俗和不规则性的"后天"特征。这是《周易》通过运用放置规则来进行意义分层的另一种方式。

4. 平价

对卦和相错卦配对等区别在计算二进制数学中几乎没有任何意义。① 当然，奇偶平价是其他计数系统的一个特征。汉明重量和距离差异在计算机科学中用以检测编码错误。② 汉明重量平价是作为一种方便的方式被引入这种讨论的，它用来描述一个唯一归于三画卦与六画卦的属性，就是《系辞下》所提出的公理"阳卦多阴，阴卦多阳"及其推论"阳卦奇，阴卦偶"。例如，有一个 1 比特的三画卦是阳性的，而有两个 1 比特的三画卦是阴性的。因此，该公理是指三画卦或六画卦组成中 1 比特总和的奇数或

---

① 对卦是回文，而识别回文是一个应用递归算法的主题。所谓"回文"，是指正读、反读都一样的句子，如"我为人人，人人为我"等。数学中的回文数（palindrome number）也有这种特征，如 121、12321 等。生物学中的回文指的是作为另一个字符串的补充的 DNA 序列，如序列 ACCTAGGT 是回文，因为它的补体是 TGGATCCA，它等于反向补体中的原始序列。在 N 画卦理论的用法中，DNA 序列的例子表现的是反卦的相综性特征，而非对卦的相错性特征。

② 序列开头或结尾的二进制奇偶校验码是一种 HW 错误检测。

偶数。就三画卦而言，HW1 和 HW3 属阳；HW0 和 HW2 属阴。就六画卦而言，HW1、HW2、HW6 属阳，HW0、HW4、HW5 属阴，HW3 属中性。由于｛阴，阳｝＝｛偶，奇｝这个区别是安排《周易》位置的基础，六画卦汉明重量的总和决定了它在序列中应放在奇数还是偶数位。从统一视角来看，该规则适用于 26 个可能位置中的 24 个。①

5. 汉明距离和消息卦

二进制数之间的汉明距离是基于汉明重量的性质的关系。它与 N 画卦理论产生共鸣，部分原因在于《周易》和"火珠林"方法中的占卜程序指明了通过随机构造得到的六画卦中的"变爻"。在火珠林占法中，一个六画卦中可以被确定为变爻的，少则一个没有，多则六爻都是，这些变爻在评估该卦的预测"意义"时具有特别的重要性。《左传》中记载了的十九个引用《周易》的例子，在这些最早的《周易》占卜记录中，每次卜问的结果都被描述为甲卦"之"乙卦，两卦之间只有一爻"变"。有些人认为这些"变爻"概念是"周易"之"易"的重要意义。无论单个爻还是多个爻变，都能让一个六画卦在占卜过程中变成另外一个卦，这个概念对于正统易学和 N 画卦理论都是必不可少的。

六画卦矩阵中的一个常见规则是基于汉明距离 HD1。一个包括十二个六画卦的子集，在三个重要的传统卦序列中都很重要，它的相邻成员之间的汉明距离均为 HD1。② 这十二个卦被称为"消息卦"，其排列形成了一种视觉吸引力。如表 8-31 所示，纯阴的坤卦代表冬至，纯阳的乾卦代表夏至。从坤至乾，1 比特(阳爻)从初爻连续增至上爻，这种阴消阳长好像表明从冬至到夏至阳光逐日增加的趋势；从乾到坤，0 比特(阴爻)从初爻连续

---

① 朱元升(公元 13 世纪)在他的《三易备遗·周易》中首先注意到《周易》第 43—46 个六画卦在计算和比较著策数量上的差异可能产生了所有六画卦。参见李尚信. 卦序与解卦理路[M]. 成都：巴蜀书社，2008：29.

② 在此，它类似于反射二进制代码或格雷码，即二进制数的排序，其中两个连续值仅有一个二进制数字不同。以 3 位的二进制数字为例，标准格雷码依次是 000、001、011、010、110、111、101、100。它构成了一个基于规则的三画卦集，但它在中国思想中没有得到任何作用。

增至上爻，这种阴长阳消好像表明从冬至到夏至阳光逐日减少的趋势。经历十二个月而成一个周年。冬至后，阳爻又开始增加并重复自然的道理。

表 8-31

卦	䷓	䷒	䷊	䷡	䷪	䷀	䷫	䷠	䷋	䷓	䷏	䷖
月	12	1	2	3	4	5	6	7	8	9	10	11

正如笔者在 1990 年的论文中所讨论的，消息卦不仅是卦气图卦序的组成部分，而且也在邵雍的 8×8 矩阵和《周易》序列中发挥作用。

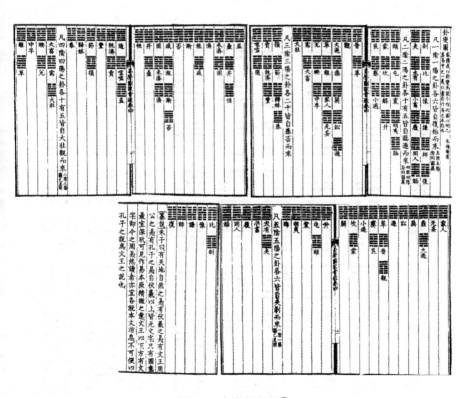

图 8-8　朱熹卦变图①

① 此图取自杨方达. 易学图说会通. 续修四库全书(第 21 册)[M]. 上海：上海古籍出版社，2002：438-439.

汉明距离的类似例子见于朱熹"卦变"图表的图形集合（图8-8）。该图将十二个消息卦作为衍化出其他五十二个六画卦的来源，其法用表示消息的爻每次上移二位或四位，变成另一卦，其汉明距离是HD2或HD4。此外，"火珠林"占卜师使用所谓的"八宫"卦序列，以八个三画卦自重而成的六画卦为各宫首卦，而按照逐爻变（HD1）的规则，各宫首卦从初爻到五爻依次变化，形成每宫的第二卦到第六卦。第七卦和第八卦遵循不同的形成规则，第七卦是第六卦的四爻变而成，第八卦是宫首卦的五爻变而成，其汉明距离都是HD1（图8-9）。①

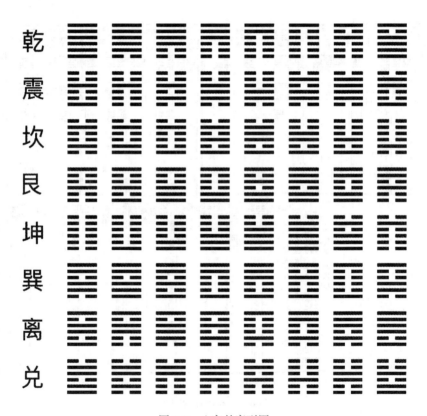

图8-9 八宫卦序列图

---

① 除了因每行最后一个成员的调整而必须避免侵犯另一行。

6. 规则叠加的丰富性

在邵雍的三画卦矩阵中，如图 8-10 所示，对卦、反卦和对角线上相错
的卦的位置沿着自然二进制数的基数级数形成了十字交叉模式。

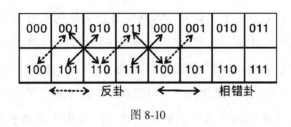

图 8-10

同时，基数和汉明重量奇偶校验又为以上模式增加了额外的层次：

表 8-32

	基数偶	基数奇	基数偶	基数奇
HW 偶	000 0	001 1	010 1	011 2
HW 奇	100 1	101 2	110 2	111 3

在上表中，汉明重量为偶的部分(用灰色方格表示)和汉明重量为奇的
部分(用无色方格表示)交错拼合，如同一幅挂毯，它的八个成员在封闭组
中通过位置安排来相互提示和丰富其意义。邵雍的矩阵是通过一个相错卦
放置的可重复规则——{0，1}＝{左，右}——来机械地产生的。按顺序增
长到 2^6 个卦的树形图示包含了其他规则，序列按照如下规则被分布为八行
八列的矩阵：1)从左到右以二进制序列放置前八个六画卦；2)下一行再从左
到右，以二进制序列放置接下来的八个六画卦。此时，那些包含于树形图示

的规则就显而易见了。邵子的两个规则都是人为的，但它们极其简约，并且它们使矩阵在没有额外的刻意安排策略的情况下显示出布位的对称性。

《周易》卦序完全是一个人为的秩序，强制对卦和反卦配对是它的两个规则，但任何一个规则都不要求特定的六画卦出现在它的六十四卦卦序位置。然而，卦序的作者将自己置于诸多导致各种模式和模式的暗示之间复杂的相互作用的限制之下，如同他将其所希望表达的所有信息层次都包含在他的六画卦序列中那样。笔者在《先天方图和〈周易〉卦序共享卦属性和位置规则》一文的总论部分所做的比较表明，《周易》在包含信息方面比 8×8 矩阵更成功。它在反卦配对和对卦位置上建立其基于规则的法则，然后呈露出足够的其他规则来表明它们的存在，并寄望于观察者的思想来"填补空白"，通过这些做法，《周易》卦序获得了它的优势。在汉明重量平价位置中，十八种可能性中只有一个例外，这确定了遵守规则和"证明规则的例外"的双重意义，而这反过来又为复杂设计的进一步丰富开辟了道路。

（三）圆阵列

为了呼应《周易》在"理想"的上经和"真实"的下经两个子序列中的对立感，邵雍以两种形式构思了他的先天六画卦图形，其中一个是 8×8 方阵，它被另一个由六十四个六画卦重新配置而成的圆形阵列包围（见图 8-1）。朱熹说："《圆图》象天……《方图》象地。"[1]后来的易学家也将这个组合图形称为"天圆地方"。在这种情况下，邵子的两个图形都属先天的类目，而朱子将方图与地相关联，并用四个方向描述它。[2]

邵雍圆形阵列中的卦序与其二元卦序列（即按照加一倍法所生成的六十四卦序列）是一致的。他将二元卦序列分成两半，从底部的 000000（二进制数 0）开始，依次逆时针绘制 000001（二进制数 1）直到顶部的 011111（二进制数 31），再从底部的 100000（二进制数 32）开始，依次顺时针绘制到顶

---

①　转引自黄宗羲. 宋元学案. 吴光主编. 黄宗羲全集（三）[M]. 杭州：浙江古籍出版社，2005：477.

②　胡渭. 易图明辨[M]. 台北：广文书局，1971：424.

部的 111111（二进制数 63）。这种安排也突出了消息卦，在逆时针的顺序中，依次排列着 12 月（000000）、11 月（000001）、10 月（000011）、9 月（000111）、8 月（001111）、7 月（011111）、6 月（111111）、5 月（111110）、4 月（111100）、3 月（111000）、2 月（110000）、1 月（100000）的消息卦。从二进制数值来看，12 月至 7 月的消息卦依次是 0、1、3、7、15、31，1 月至 6 月的消息卦依次是 32、48、56、60、62、63。两个子序列在顶部以 111111 处达到顶峰。在 8×8 矩阵的最外圈层中，消息卦绕过方形图的角落，依序排布。因为遵循自然数字顺序，邵雍图形中的这些六画卦的间距不像上面述及的"卦气图"一样规则。然而，如同在《周易》卦序中一样，消息原则在邵子的两个图形中也确定存在。

如图 8-11 所示，这种时间类比在邵子"先天八卦图"的圆图中以简化的形式表现出来：

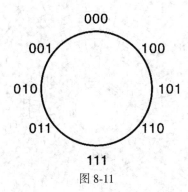

图 8-11

这个{相错乙}的三画卦序列同时展示了三个放置规则：1）相错的卦出现在对角线上；2）反卦在圆的横向弦上；3）圆周上的卦以季节性消息卦模式流动。在第 3 种规则的意义上，消息卦从 000 逐次增长一个 1 比特，直到 111，然后缩减到 000。这种相继关系如表 8-33 所示（括号中的两个三画卦，101 和 010，被分配到 90°和 270°的两个等分点）：①

----

①　见本书《〈易经〉卦序的季节性结构》一文。

表 8-33

☷	☳	(☲)	☵	☰	☶	(☴)	☱

　　这种包容性说明了圆形阵列在组织分类信息时所具有的一个优点，即圆圈可以通过将自身划分为任意数量的段来呈现任何序列。在诸如风水、火珠林预测以及《易》十翼解经等不同实践活动中，时间、空间等信息都可以与三画卦、六画卦集结合在一起。如图 8-12 所示，时辰、日、月、季节、

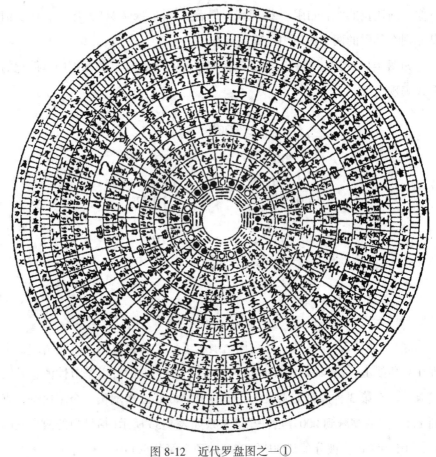

图 8-12　近代罗盘图之一①

---

① 该图取自程建军. 中国风水罗盘[M]. 南昌：江西科学技术出版社，2005：11.

天干地支、二十八宿和四方等都被容纳在风水罗盘的同心环上。图 8-12 只是许多罗盘配置中的一种，它们在中央环中往往绘有⦃相错乙⦄组的三画卦圆阵。

圆形阵列的另一个优点是它的包含性，各种循环现象的顺序集成员不管有多少个，最终都被纳入到同一个模板中。这种特点允许自然的"现实世界"周期的不规则性与理想化的数学周期相一致。传统中文日历和空间思维经常在圆形模板上同时放置如下多组内容：

1 日（日期）；

2 气（阴，阳）；

4 方（东南西北）；

4 时（春夏秋冬）；

5 行（水火木金土）；

8 卦（八经卦）；

10 天干（甲乙……壬癸）；

12 地支（子丑……戌亥）；

12 月（阴历）；

12 月（阳历）；

12 消息卦；

12 时或辰（不是 24 小时）；

24 节气；

28 宿；

29.5 天（农历一个月）；

60 甲子；

60 个六画卦（卦气图序列，以四卦属四时，其余每卦表六又七分之一天）；

64 个六画卦；

72 候（每个节气 3 种物候）；

360°；

365.25 天(一个回归年)。

虽然以上这些都是周期性的现象，但是自然周期的实际长度只能大约吻合，比如一天是 24 小时±8 秒，农历每月约 29.5 天，一年大约是 365.25 天等等。尽管如此，它们都可以被图示为一个圆圈，并且在任何点上对应着其模拟物。例如，中午、满月和夏至不仅都放在 180 度处，而且都有最大光线值。因此，对于圆周上的任何点，都存在一组数量大小可变的同义词。因为圆周集的边界是根据成员的数量来定制的，所以成员数较少的集合还可以考虑继续进行阶段性划分。例如，春季又可分为孟春、仲春和季春，它们对应着春季的三个月。然而，因为周期性现象中本没有明显的界点，所以在进行阶段性划分时就可以根据需要来设定界点之间的长度。

圆形象征着昼夜、月行、年度和生命的周期。它们是一个周年这样的超级循环及其内嵌的齿轮，不同齿轮的小循环在给定点以不同角度相切。比如一年之内，月球周期运行约十二次，太阳升起和落下 365 次。虽然单个生命周期更像是从头到尾的正弦波，但在 N 画卦理论中，它就像月球周期一样是圆形。邵雍将生命周期的视角延伸到一般历史，并计算出一个完整的宇宙周期，其持续时间为 129600 年，结束之后又重新开始。①

来知德发展出一个有说服力的理论，把诸多圆形类似物聚于一图，我们可以称之为"宇宙图"，这使他的《周易集注》成为那些被反复刻印的科举考试用书之外最常被重印的古籍。② 他将从邵雍开始慢慢形成的 N 画卦理论演变成一种基于物质现象周期性的物理学。在他看来，所有物质中固有的对立势力的相反性都在三画卦和六画卦的 0、1 爻位配置的相反性中得到了描摹。这种相反性迫使不同现象在各自的通用循环中流动。《周易》成对的反卦是这多种生命周期的缩影。所有这些循环都遵循相同的循环模板，并且在模板上的任何点，它们的特定发展阶段都是类似的。他们以隐喻的

---

① 吴康. 邵子易学[M]. 台北："商务印书馆"，1948：47. 邵雍把人类文化的巅峰提前了几千年，这表明，在漫长的时间循环里，现在已经过了 180 度。

② Larry J. Schulz. Lai Chih-te (1525—1604) and the Phenomenology of the Classic of Change (I-Ching)[D]. Ph. D. Dissertation, Princeton University, 1982：169.

方式相互定义，让"人心"（即大脑）理解在任何特定时刻发生的事情，并根据这种理解做出决定。对于来氏而言，《周易》作为这个整体过程的图示，是通过构建六画卦并解释相应时间背景中的口头描述来在各种交错的循环中定位自己的工具。

（四）词汇

虽然没有办法确定 N 画卦最初用于什么，但是前文明时代的文化遗存中的残留数字使数学史家认为最早的计数系统可能是二元的。据推测，远古的人类可能使用两个标记的组合来量化对象，然而当计数需求增加时，较长的二进制字符串就变得很麻烦，于是人们便转向后来支配算术的十进制系统。① 在中国，二元性卦可能在转换为十进制时幸存下来，因为它们可能一直被同时用于计数和占卜，或者它们可能从计数工具被转变为占卜工具。在被用于占卜的情况下，有些人可能将原来作为数字应用时的读音记录下来，最终书写为它们的"卦名"。无论如何，最多达到六位的二进制数累积了中文的口头语汇，这些语汇以书面字符的形式出现。

N 画卦的现存口头语汇可能并不像二元卦画独特地引发意义那样重要。没有证据表明十进制数字（或任何其他数字系统）曾经产生比一些孤立的口头语汇更丰富的东西，更不用说同样广泛的共享词汇了。例如，在美国文明中，用于表征"幸运"和"不幸"的十进制数字很多，如 7 和 13，又如启示录中世界末日的 666 等数字，以及在宗教语境中重复出现的数字，如 3（《圣经·新约》里的三位一体）、10（《旧约》的诫命）和 12（耶稣的门徒）等，然而，其中并没有见于二元 N 画卦中的那种二级言语系统。其他所谓的"数秘术（numerology）"系统将数值归结为字母术语，而不是给数字赋予数量等级以外的含义。②

---

① Carl B. Boyer. Uta Merzbach：A History of Mathematics（3rd edition）［M］. Hoboken, New Jersey：Jossey-Bass, 2011：2.

② 数秘术实践的各种例子，可以参见 Annemarie Schimmel. The Mystery of Numbers［M］. New York：Oxford University Press, 1994.

1. 传统三画卦类比

如上所述，在中文里，三画卦的类比是第一层次且层次最丰富的。《说卦》是三画卦类比的最早记录（参见本文表 8-25）。在《说卦》中，一些三画卦的类比比其他更丰富。例如，坎（☵）卦的类比列表有三十一个，巽（☴）卦的类比有十七个，其余卦的类比在二十一个到二十四个之间。其中大多数类比列表都比较随意，似乎是通过将描述性术语与三画卦标题联系起来，来反映诸如关于马的特点或木的质量的民间传说。一般来说，三画对卦出现在某集合中时往往是元素的。例如，乾（111）为天和坤（000）为地，坎（010）为水和离（101）为火。三画反卦的定义则不那么明确，例如，震（☳）为雷、巽（☴）为风、艮（☶）为山、兑（☱）为泽。

在所有八个成员被视为一组的《说卦》段落中，仅列出了一些前后一贯的类比组。在有些集合中，它们之间关系的逻辑是清楚的，例如表 8-34 所示的《说卦》成员集合。

表 8-34

☰	☷	☶	☵	☳	☱	☲	☴
父	母	少男	中男	长男	少女	中女	长女

在表 8-34 中，HW 为奇数的三画卦是男性的。在男性的子集中，对卦 111 为父亲的类比，而儿子按少、中、长的顺序排列。类似地，HW 为偶数的三画卦都是女性的，它们以对卦 000 为母亲。

在其他类似的集合中，三画卦类比之间的逻辑在现代汉语中并不那么明显，如表 8-35 所示。

表 8-35

☷	☳	☵	☱	☶	☲	☴	☰
顺	动	陷	说	止	明	巽	健

在表 8-35 中，对卦组｛〓，〓｝=｛顺，健｝，反卦组｛〓，〓｝=｛动，止｝，这都是反义词类比。然而，对卦组｛〓，〓｝=｛陷，明｝，反卦组｛〓，〓｝=｛说，巽｝，这些类比却不是可识别的反义词。在这一行中的八个三画卦类比是如何作为一致的逻辑集而被归类的，现在还不太清楚。

《说卦》的有些三画卦类比可能是在某些时候已经形成并且被后代接受为有意义的关联类型。其中一些似乎来源于视觉线索：〓与牡蛎和海龟等带壳生物有关，〓取象于山的视觉感受。如果一套类比包括了八个匹配项，那么类比之间关系可能就要涉及多个层次。例如，《说卦》云："乾为首，坤为腹，震为足，巽为股，坎为耳，离为目，艮为手，兑为口。"在关于身体部位的这组类比中，可能〓类似于上、下眼睑睁开之象，〓的顶部开口类似于嘴，〓的底部支撑类似于脚，这些可能都是视觉原理图。其他与人身体的关联可以通过三画卦属性关系构建：手（〓）是在底部有刚爻的脚（〓）的反卦，大腿（〓）是脚（〓）的相错卦，耳朵（〓）是眼睛（〓）的相错卦。然而，这些都不像它们的对应物那样有说服力，手不是以脚"在底部"那种方式"在顶部"，大腿本是脚的一部分。耳朵也没有在中间闭实，相反，耳朵与眼睛一样是有中空之象的感觉器官。剩下的三画卦〓和〓分别为人身的"腹"和"头"，身体的集合就这样填满了。头在身之巅的形象大致与乾在八卦中的庄严地位相匹配，而同样作为纯粹对卦的坤，也需要一个与之相匹配的重要身体部位，腹的中通之象或许在视觉上与〓相似。如同就这些类比所做的推测，它们很难说明把八个类比事物分配给八个三画卦为什么是合理的，相反，等次顺序（如家庭成员）、圆形阵列位置（所处方位）和同义词（如离卦可以代表与热或明亮相关的火、闪电、太阳）等其他类比因素明显是被强加于八个三画卦之上的。

2. 邵雍的三画卦类比

《说卦》的类比是对中国早期文化语境中衍生的二元三画卦的语言表述，其中的一些是相对系统的，另有一些则是暗示性的。数千年后，邵雍根据他的生成过程设计了一个完全有条理的清单。如表 8-36 所示，所有类比都从属于第一个实例，0 或 1 为{0，1}={地，天}、{静，动}。他所列的许多类比衍生物虽与《说卦》概念背道而驰，但也都是有经典渊源的。

表 8-36

0,地,静	0,地,静	0,地,静	0,地,静	1,天,动	1,天,动	1,天,动	1,天,动
☷	☶	☵	☳	☴	☲	☱	☰
太柔	太刚	少柔	少刚	少阴	少阳	太阴	太阳
水	火	土	石	辰	星	月	日
雨	风	露	雷	夜	昼	寒	暑
走	飞	草	木	体	形	情	性
声	色	味	气	口	鼻	耳	目
时	日	月	岁	世	运	会	元
春秋	诗	书	易	霸	王	帝	皇

在邵子的树形描绘中，0、1 系列之间的分叉预示着在他的六画卦方阵和圆阵中所看到的{地，天}二分法。在易学传统的多数情况下，柔和阴都是 0 比特的同义词，刚、阳是 1 比特的同义词。然而，邵雍把{柔，刚}用于 0 比特及跟地相关的类比系列，把{阴，阳}用于 1 比特及跟天相关的类比系列。这两个类比系列都可以由两个元素组成。他的术语在每个类比系列之内都以连贯的形式产生，并且它们的范围似乎都是从表格的外部向内部下降的。比如在第四行中，左边的水和火，右边的日和月，在《说卦》里是与对卦相配的。然而，在邵子这里，因为他使用了先天自然数序列作为基础，传统的匹配关系就被覆盖了。水，《说卦》配坎（☵），邵子配坤（☷）；火，《说卦》配离（☲），邵子配艮（☶）；月，《说卦》配坎（☵），邵子配兑（☱）；日，《说卦》配离（☲），邵子配乾（☰）。同时，邵子用坎（☵）取代坤（☷）来配土，又用离（☲）配星。虽然这可能是这些三画卦的合理类比，但是除了邵子之外，也未见其他易学家采用。

像几个《说卦》类比集一样，邵雍的类比集经过合理地绘制来填写整数。无论先例如何，他都会根据与其自然数字顺序相关的分类场景来分配属性。邵子将这个基本模式发展成了一个名为《皇极经世》的通用模拟，他试图通过这种模拟将所有现象分类为一个反复出现的周期性的时间延伸。在其中，他结合并重新组合了表 8-36 中的六组自然和人事的元素，以追溯自然现象在漫长的生成过程中的发展。他还将他的基本结构用于系统化音乐的音调，并作为他方言音素结构的编目大纲。这大概是把一种数值模型分析方式应用于语言学的第一个例子。除此之外，《皇极经世》系统并未用于任何实际目的。然而，它提供了一种模型，以便将此前用抽象三画卦数字来分类语法信息的随意方法合理化。

3.《周易》六画卦的词汇

一套完整的六画卦类比幸存下来，即《周易》。《系辞》传表达了被普遍接受的信念，即类比集证明了："知周乎万物而道济天下。"也就是说，它被视为一个简明的宇宙纲要，因此《周易》的六十四个六画卦术语堪比于罗杰词典（Roget's Thesaurus）中的四十个类别标题或词网（WordNet）数据库中的四十四个类别标题。罗杰词典和词网数据库的逻辑和单词的含义虽是相近的，但它们无论多么精确，也没有一个单词是明确的单义的，某种程度的歧义总是不可避免地存在。《周易》的术语更加难以确解，因为它们中的一些已经被使用了几千年，内涵范围相当宽泛。同时，像"艮""兑"这样的词似乎只有相对于它们在《周易》中所指的三画卦和六画卦才有意义。

还有两个早期的《易经》版本《归藏》和《连山》，据称其中的碎片在六画卦名上与《周易》有相当大的差异。更重要的是马王堆帛书《易经》手稿，它是一种汉代的《周易》文本，与传世本《周易》也有三十二个六画卦名字不同，其中甚至包括八个三画卦自重卦中的七个。① 如表 8-37 所示，在比较两种《周易》和《归藏》碎片中出现的卦名时，只有二十个六画卦名称是未见于帛书本或归藏的（在表 8-37 中用灰色格表示）。

---

① 例如，通行本兑（☱）、巽（☴）二卦的名称，帛书本分别写作夺、算。

表 8-37　传世本(1周)、马王堆帛书本(2帛)、归藏碎片(3归)中的六画卦名称

	䷀	䷁	䷂	䷃	䷄	䷅	䷆	䷇	䷈	䷉	䷊	䷋	䷌	䷍	䷎	䷏
1周	乾	坤	屯	蒙	需	讼	师	比	小畜	履	泰	否	同人	大有	谦	豫
2帛	键	川							少蘍	礼		妇			嗛	余
3归		與			溽			小毒畜							兼	分

	䷐	䷑	䷒	䷓	䷔	䷕	䷖	䷗	䷘	䷙	䷚	䷛	䷜	䷝	䷞	䷟
1周	隋	蛊	临	观	噬嗑	贲	剥	复	无妄	大畜	颐	大过	坎	离	咸	恒
2帛	隋		林		筮盍	蘩			无孟	泰蓄		泰过	赣	罗	钦	
3归	马徒	蜀	林祸	瞿	耆老	荧惑	仆		母亡	大毒畜			荦		諴	

	䷠	䷡	䷢	䷣	䷤	䷥	䷦	䷧	䷨	䷩	䷪	䷫	䷬	䷭	䷮	䷯
1周	遁	大壮	晋	明夷	家人	睽	蹇	解	损	益	夬	姤	萃	升	困	井
2帛	掾	泰壮	溍	明尸		乖						狗	卒	登		
3归	遂	夷			散家人		荔	员		规			夜		称	

	䷰	䷱	䷲	䷳	䷴	䷵	䷶	䷷	䷸	䷹	䷺	䷻	䷼	䷽	䷾	䷿
1周	革	鼎	震	艮	渐	归妹	丰	旅	巽	兑	涣	节	中孚	小过	既济	未济
2帛	勒		辰	根					算	夺			中复	少过		
3归			厘	狠			钦			奂					岑𣱃	

　　在这三种文本的六画卦卦名中，有一些卦的命名可能都是与卦的外观相关的。例如，䷚看起来像张开的嘴，而其卦名"颐"是腮、颊的意思。其他六画卦名称似乎难以关联到它们的卦爻图像上去，并且一些卦的命名差异很大。这些不同的卦名，许多都是字形字义不同而可以同音通假的字（或以前未知而可以用通假关系来分析的字），它们可能暗示着，卦名在某

些情况下可能是附加到卦本身的原初声音，这些声音呈现着记录它们的字符的含义。① 在西汉时期的"卦气图"和《易林》中所看到的六画卦名，到了公元 3 世纪的王弼版《周易》文本中，就被固定下来标准化了。

4.《周易》爻辞

除了卦名以外，《周易》中每个六画卦及其每一爻都有自己的一段口头形象。六画卦名称后面的词用于扩展卦名，可以解析为一个或多个句子。这些陈述的语言非常简要，没有标点，而对于那些原始含义有争议的字，难免会留下一定程度的表述模糊性。六画卦的名称经常出现在其卦辞中，例如蒙卦的卦辞"童蒙"就包含了卦名。卦名也常见于一个或多个爻辞中，它们带着不同的物象，表征着随机生成卦的过程的特殊瞬间。例如，需卦从初爻到上爻的爻辞都包含着"需"字，它们依次是"需于郊""需于沙""需于泥""需于血""需于酒食""需于穴"。总体来看，需卦有"贞吉"的占断，但在第三爻中，"需于泥"却"致寇至"，预示着"灾"的意义。

通过这种方式，特定的爻辞有时与其卦辞是相矛盾的。易学家普遍认为这种矛盾是六画卦中爻位的一个功能，爻位引出了很多因素，诸如阴阳奇偶、相应、变爻等，以及许多其他有助于解释它们的理论。关于这些因素，虽没有一个可以定论，但它们的使用增强了上面所列举的数值特性的吸引力。此外，所有学者都认为，作为卜筮过程的一部分，当爻"变"到相反的比特时（即汉明重量逆转了），爻辞的占卜意义就起作用了。这意味着一个爻协调了两个卦。"变"爻的措辞虽难以解读，但总体的分析表明《周易》的预测倾向于积极肯定的。在《周易》的卦爻辞中，虽然有很多信息令人非常不快，也有很多信息——至少对于当代读者来说——是不置可否的，但是《周易》中吉、凶之辞的出现比例为 145∶58。

---

① 作为比较，约鲁巴人的四画卦的名称的确切含义是未知的。它们被不同的使用者赋予不同的意思。Bascom William. Ifa Divination［M］. Bloomington：Indiana University Press，1969：43.

结　　论

总而言之，N 画卦理论的逐步发展，是对构造二元三画卦、六画卦的随机过程的反思，也是卦爻与归于它们的历史意义之间的对应关系。意义是自然现象的名义对应物。该理论确定了在八个和六十四个二进制卦的有序集合中所观察到的规则中隐含的数字属性的体系结构。规则是数字属性之间的关系，它使 N 画卦能够预测语言意义的范围。N 画卦理论家用矩阵和圆形阵列这样的视觉格式提出规则。这些人为卦序在它们证明（和/或暗示）更多数量规则的程度上改进了随机序列。在给定的有序集中，集合成员之间互相交叉定义其中一卦的语义。一组成员共同构成了整个频谱的分类意义，给定的卦表示一个频谱带。每卦类似于每个其他集合中的相同卦和相同顺序位置中的另一个卦。自然发生的现象是周期性的，无论是反复出现还是单一的生命周期，当个别周期被覆盖在圆形模板上时，它们之间的类比关系就出现了。

虽然神经信息处理是未来一千年的概念，但是邵雍和他的追随者含蓄地认为，人类思维不断地分析随机的感官输入，对其进行分类，并校验其潜在的危害或益处，以便进行知识存储。随机占卜过程是思维分析活动的模拟，《周易》卦爻辞被视为圣王们的思维赋予随机生成的三画卦和六画卦的意义。这项工作是由连接组中的神经元仅通过每个细胞中的｛静息，尖峰｝两种状态进行的，这对它们来说是未知的。但是，通过分析｛0，1｝实例在三画卦和六画卦集合中被视觉化的关系，N 画卦理论家使信息处理理论模型的元素得以形成，邵雍将这个模型称之为"心法"。《周易》的作者，在其六画卦卦序的分层结构中表达了数字属性和规则。在这种建筑中，来知德说它直接表达并让人们看到了"圣人之心"。

如果它的二元基础促使神经活动以可量化的方式投射到外面，如邵雍和他的追随者所认为的那样，那么他们的发现的系统应用可以补充二进制数的计算能力，并改进我们对心智如何处理信息的看法。香农把邵雍的

{0，1}集用在电子信息处理中，这是一种源于寻求应用的恒久求知欲的范式转换。这种范式转换是18—20世纪欧洲一系列技术和经济力量的驱动而成的切实成果。如果没有这些条件，二进制数可能仍然仅仅是是哲学思辨的好奇心。在中国，邵雍的创新，准确地说是有趣的概念，最终难以令人信服地实现阐明《周易》措辞的目标。然而，那并不是唤起 N 画卦理论解释力的事业，如果 N 画卦理论的应用不是要理解像意识可能参与其中的《周易》这样的对象，那么它可能以理解意识本身为事业。

附录：八卦图方位与星图相同

在下面的"伏羲八卦方位之图"中，南部的乾卦在顶上，东部的离卦在左边。如果一个人面向南方，在地面仰望天空，天图就呈现为相同的方向位置，东边在他的左边，天图的基点被投射到地面的一个圆圈上，则南边将位于顶部。①

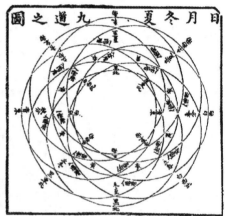

图 8-13　伏羲八卦方位之图与尾图

---

① 左图来自来知德. 周易集注 [M]. 北京：九州出版社，2004：5. 右边的星图见 Joseph Needham. Science and Civilization in China (Vol. 3) [M]. Cambridge, U K：Cambridge University Press, 1956：393.

参 考 文 献

[1] Bascom, William. Ifa Divination [M]. Bloomington: Indiana University Press, 1969.

[2] Birdwhistell, Anne. Transition to Neo-Confucianism: Shao Yung on Knowledge and Symbols of Reality[M]. Stanford, California: Stanford University Press, 1989.

[3] Boyer Carl, Uta Merzbach. A History of Mathematics (3rd edition) [M]. Hoboken, New Jersey: Jossey-Bass, 2011.

[4] Carlson K A, Shu S B. The Rule of Three: How the Third Event Signals the Emergence of A Streak [J]. Organizational Behavior and Human Decision Processes, 2006, 104(1).

[5] Cook S R. Classical Chinese Combinatorics: Derivation of the Book of Changes Hexagram Sequence[M]. Berkeley: STEDT Monograph 5, 2006.

[6] Elman B. A Cultural History of Civil Examinations in Late Imperial China [M]. Berkeley, Los Angeles: University of California Press, 2000.

[7] Goodfellow Louis. A Psychological Interpretation of the Results of the Zenith Radio Experiments in Telepathy[J]. Journal of Experimental Psychology: General, 1992, 121(2).

[8] Hacking Ian. The Emergence of Probability: A Philosophical Study of Early Ideas about Probability, Induction and Statistical Inference [M]. Cambridge: Cambridge University Press, 2006.

[9] Hamming R W. Error Detecting and Error Correcting Codes[J]. The Bell

System Technical Journal, 1950, 29(2).

[10] Miller G A. The Magical Number Seven, Plus or Minus Two: Some Limits on Our Capacity for Processing Information [J]. Psychological Review, 1956, 63(2).

[11] Needham Joseph. Science and Civilization in China (Vol. 3) [M]. Cambridge, UK: Cambridge University Press, 1956.

[12] Perkins Franklin. Leibniz and China: A Commerce of Light [M]. Cambridge, UK: Cambridge University Press, 2004.

[13] Schimmel Annemarie. The Mystery of Numbers [M]. New York: Oxford University Press, 1994.

[14] Schulz J Larry. Lai Chih-te (1525—1604) and the Phenomenology of the Classic of Change (I-Ching) [D]. Ph. D. dissertation, Princeton University, 1982.

[15] Schulz J Larry, Thomas J Cunningham. The Seasonal Structure Underlying the Arrangement of Hexagrams in the Yi jing [J]. Journal of Chinese Philosophy, 1990, 17(3).

[16] Schulz J Larry. Structural Motifs in the Arrangement of the 64 Gua in the Zhouyi [J]. Journal of Chinese Philosophy, 1990, 17(3).

[17] Schulz J Larry. Structural Elements in the Zhou Yijing Hexagram Sequence [J]. Journal of Chinese Philosophy, 2011, 38(4).

[18] Schulz J Larry. Hexagrammatics: Rules and Properties in Binary Sequences [M]. Atlanta: Zizai, 2016.

[19] Schulz J Larry. N Gua Theory: Imaging Categorical Dynamics Inherent in Binary Structures [M]. Atlanta: Zizai, 2018.

[20] Shaughnessy L Edward. I Ching: The Classic of Changes [M]. New York: Ballantyne Books, 1996.

[21] Shaughnessy L Edward. A First Reading of the Shanghai Museum Zhou Yi Manuscript [J]. Early China, 2005(30).

[22] Shaughnessy L Edward. Rewriting Early Chinese Texts [M]. Albany：University of New York Press，2006.

[23] Shaughnessy L Edward. Unearthing the Changes：Recently Discovered Manuscripts of the Yi Jing（I Ching）and Related Texts [M]. NewYork：Columbia University Press，2014.

[24] Sun Y，Wang H. Gambler's Fallacy，Hot Hand Belief，and Time of Patterns [J]. Judgment and Decision Making，2010，5(2).

[25] 王弼，韩康伯. 周易注（汉魏古注十三经本）[M]. 北京：中华书局，1998.

[26] 王肇宗. 周易图 [M]. 道光九年光华斋刻本，1829.

[27] 吴康. 邵子易学 [M]. 台北："商务印书馆"，1948.

[28] 朱熹. 周易本义. 朱子全书（壹）[M]. 上海，合肥：上海古籍出版社、安徽教育出版社，2002.

[29] 戴君仁. 谈易 [M]. 台北：开明书局，1961.

[30] 黄宗羲. 宋元学案. 吴光主编. 黄宗羲全集（三）[M]. 杭州：浙江古籍出版社，2005.

[31] 胡渭. 易图明辨 [M]. 台北：广文书局，1971.

[32] 来知德. 周易集注 [M]. 台北：商务书局，1973.

[33] 来知德. 周易集注 [M]. 北京：九州出版社，2004.

[34] 李道平. 周易集解纂疏 [M]. 北京：中华书局，1994.

[35] 李尚信. 卦序与解卦理路 [M]. 成都：巴蜀书社，2008.

[36] 王琼珊. 易学通论 [M]. 台北：广文书局，1962.

[37] 皮锡瑞. 经学通论 [M]. 台北：商务印书馆，1969.

[38] 黄宗羲. 易学象数论 [M]. 台北：广文书局，1974.

[39] 沈有鼎. 沈有鼎集 [M]. 北京：中国社会科学出版社，2006.

[40] 崔述. 崔东壁遗书 [M]. 上海：上海古籍出版社，1983.

[41] 杨方达. 易学图说会通. 续修四库全书（第 21 册）[M]. 上海：上海古籍出版社，2002.

[42] 程建军. 中国风水罗盘 [M]. 南昌：江西科学技术出版社，2005.

常用词汇表

英文	译文	说明
Yi	易	通常指的是《周易》，也包括《归藏》《连山》，这三个一起称为三易
Zhouyi	周易	相传周文王所作的卦序与卦辞、周公所作的爻辞
Yijing；Classic of change	易经	与《周易》互换使用
Upper classic；First part of the classic	上经	《周易》的前三十卦
Lower classic；Second part of the classic	下经	《周易》的后三十四卦
First order confucian commentaries(Ten Wings)	易传(十翼)	相传孔子所作的解说，公元 3 世纪的王弼本《周易》收录了其完整内容
Tuan	彖	十翼之一，关于卦辞的解说
DaXiang，Greater images	大象	十翼之一，关于卦辞的象传
Xiaoxiang，Lesser images	小象	十翼之一，关于爻辞的象传
Wenyan	文言	十翼之一，讨论乾坤卦爻辞的意义
Xici shang，*xia*	系辞上、下	十翼之一，讨论《周易》卦爻辞的哲学思想
Shuogua	说卦	十翼之一，讨论三画卦的属性
Xugua	序卦	十翼之一，以叙事的方式讨论卦序理论

Zagua	杂卦	十翼之一，讨论卦名在成对的反卦和对卦中的含义，其卦序与《周易》有所不同
Gua	卦	一系列的爻；易学有二画卦(所谓两仪)、三画卦、六爻卦
Line	爻	卦内的画
Solid line，*Yang* line	阳爻	也称刚爻，▬▬▬
Weak line，*Yin* line	阴爻	也称柔爻，▬▬ ▬▬
Trigram	三画卦	三个爻组成的八个卦
Hexagram	六画卦	六个爻组成的六十四卦
Doubled trigrams	三画卦自重卦	内卦和外卦相同的六画卦，包括☰、☷等八个卦。
Semord	反卦	也称覆卦、综卦，将某卦反转180度后，变成了不同的卦，如三画反卦与互为反卦，六画反卦与也互为反卦
Palindrome	对卦	也称错卦，反转180度后，卦形无别的卦，如☳、☲、☰、☷等
Opposition	相错性	三画卦或六画卦的每爻相对的属性
Inversion	相综性	可以反转和读作不同的卦，三画卦或六画卦的属性
Yang trigram or hexagram	阳性卦	阴爻比阳爻多的三画卦或六画卦
Yin trigram or hexagram	阴性卦	阳爻比阴爻多的三画卦或六画卦
Neuter hexagram	中性卦	阳爻、阴爻都是三个的六画卦
Accumulation and dispersion hexagram, monthly hexagram	消息卦	一套十二个六画卦组，其中阳爻数从下到上生长，同时阴爻后退，反之亦然。

One-line resolution, Belong hexagram	之卦	一个卦中的某个爻由刚变柔或由柔变刚，该本卦变成另外一个卦，后者称为前者的"之卦"，如☶第三爻刚变柔，成其之卦☷
Resonance	应爻性	卦中初爻和四爻、二爻和五爻、三爻和上爻之间的阴阳相反关系。S36：H63☲在所有爻位都相应：1、3、5爻都是刚，2、4、6都是柔
Sequence	卦序	一套卦从头到尾的安排形式，例如《周易》卦序列。
The consolidated view	统一视角	更容易理解《周易》卦序列的一种衍生序列；把56个反卦凝聚成为28个单独的单位，把8个对卦各作为一个单位
Station	统一位	在统一视角中的一个单位，缩写为"S"，就是一个对卦或一对反卦。一个统一位的组件六画卦缩写为"H"
Semord station face	反卦统一位卦	互为反卦的两个卦之一，处于前面、奇数卦位（除了S25之外）的卦，用以表示统一视角中的统一位
Semord station reverse face	反卦统一位综卦	互为反卦的两个卦之一，处于后面、偶数卦位（除了S25之外）的卦
Palindrome station	对卦统一位卦	八个对卦各代表一个统一位
"Eight Palaces" sequence	八宫卦序	汉代京房所传的一种六十四卦卦序，火珠林占卜系统中的基本六画卦序列
Before heaven square matrix；8×8 matrix	先天方图	把64卦排入8×8的矩阵中的易图，由邵雍引入儒家传统

Web	纲	王肇宗的术语，参考第 1、2、11、12、29、30、31、32、41、42、51、52、57、58、63、64 卦
Eye	目	王肇宗的术语，参考第 17、18、27、28、53、54、61、62 卦
"Straight-line" opposites	直线对卦	王肇宗的"正"类型卦，某卦及其相错卦同属上经或下经
"Cross-classic" opposite	跨经对卦	王肇宗的"交"类型卦，分属上经和下经，而又构成相错关系的卦
Five phases	五行	王肇宗的两种特殊"交"类卦之一
Four seasons	四时	王肇宗的两种特殊"交"类卦之一
Skeleton	骨构	沈有鼎的术语，指八个对卦加八个全应交卦

编 译 后 记

　　舒来瑞先生是地道的美国人，本名 Larry James Schulz，1946 年出生于美国俄亥俄州阿默斯特镇。大学期间开始接触儒、道、佛的思想，硕士阶段主攻中国文学，完成了关于陆游诗的学位论文。1973—1975 年在中国台湾学习期间，接触到来知德的易学著作，1982 年提交了博士学位论文《来知德与易经象学》，在普林斯顿大学获得博士学位。而后进入美国中央银行工作，至 2006 年退休。

　　舒来瑞先生接受了系统而严格的学术训练，他 1982 年的博士学位论文第一次向英语世界介绍了象数易学的历史，也第一次介绍了来知德其人及其易学思想(查阅中国知网，国内研究来知德的论文 1990 年以后才逐步出现，近年增多)，他对象数学、来知德易学、卦序问题的介绍和研究，可以说开启了英语世界研究这些易学领域的序幕。舒先生虽不在大学任职，但他从未中止其易学研究。1990 年，*Journal of Chinese Philosophy* 这本英语世界影响广泛的中国哲学研究杂志刊发了他的两篇阶段性研究论文。退休以后，舒先生得以专心竭力于自己的卦序和易学研究，2011 年又在 *Journal of Chinese Philosophy* 上发表了自己关于卦序问题的整体思考。近年来，他更关注中国传统易学家的二元数理论，认为这种从各种象数学者的非系统表达中提炼出来的二元数论，可以理解为用纯粹数字形式反映的一种人类大脑处理信息的方式。可以说，在英语世界的易学研究者中，舒来瑞先生颇具特色和代表性，他始终如一地以专业的精神和科学的方法研究《周易》，尤其是其中的象数和卦序思想。他的易学研究以对来知德象数学的探讨为基础，结合物理、数学和逻辑等学科的知识，步步推进，来探讨

《易经》卦序思想及其应用价值。这本《〈周易〉卦序问题综论》不仅收录、编译了舒来瑞先生 1990 年、2011 年的论文，而且包括一些尚未发布的文稿，是一位美国老人矢志不渝四十载研究易学这种古老中国学问的结晶。

编译舒来瑞先生这部论文集，是因为一个偶然的机缘。2017 年协助丁四新师编辑《英语世界的早期中国哲学研究》（浙江大学出版社 2017 年版）一书，在该书第六章《英语世界的易学研究》中，我们简要介绍了舒来瑞先生及其论著。在编辑该书的过程中，我发现很多外国学者有自己的中文名，而非我们常用的音译名字，为了尽量准确，便通过互联网找到他们的电子邮箱，逐个发邮件询问，有幸得到了很多学者的回复。就是这样，才和舒来瑞先生建立了联系，他对我们的简要介绍很满意，并提出书出版后，邮寄一本给他。后来因为邮寄不便，我只好发送了扫描的电子版。舒先生收到书之后，来信谈到他最新的研究进展，并询问我们是否有兴趣出版他最新的研究成果。虽然明知编译工作和联系出版都比较麻烦，但我还是毫不犹豫地答应了下来。因为通过前面几次邮件往来，我大致感到舒先生 40 年来一直在致力于《周易》卦序问题的研究，其专精诚然可贵，其所思应可期待。我们理应出版这本书，以向这位一直真诚追求中国学问的国际友人致敬。为了联系出版的方便，我草拟了一份编译计划，将舒先生重要的论文和最新的研究都纳入其中，准备首次以中文版全面反映他的研究，这一计划迅速得到舒先生的肯认。此后曾将编译计划交给丁四新师过目，他也颇为支持这项工作，并协助联系出版事宜。

由于希望尽早完成书稿，我们协商了一个工作办法，就是由舒先生把已经发表或完成的英文论文先翻译成中文初稿，并把一些尚未完成的文章，直接用中文写出，然后由我来校对润色中文。我们首先从已经发表的英文论文开始，舒先生虽年事已高，但十分精进，隔几天就会通过电子邮件给我发来一份稿件，我就对着英文稿逐字逐句地去学习、理解他的专业术语、表述习惯和思维方式，然后校对他的中文稿。在用跟踪修改功能修订一位心存敬意的长者的稿件时，内心十分忐忑，也遇到了很多困难，但我尽量仔细确定每一个概念和术语的翻译，并逐一处理语法方面的问题，舒先生把我戏称为"翻译翻译者"，这形象反映出我所做工作的重点所在。每篇稿件经我的校译之后，立即通过邮件反馈给舒先生，而他定会在一两日内给我反馈意见。大体我对中文稿的修改意见，多数得到了舒先生的肯定，这使我在后来处理他那些没有英文稿比照的文稿时，多了几分信心。每篇文章都是经过几番邮件往还之后，才最后交由舒先生自己定稿的。完成各篇之后，我将它们汇成书稿，并对其中的图形、术语、文字再次进行统一的编辑，交由舒先生审定，并请舒先生写了一篇自序，来简要介绍其研究的思想历程和要点。今年暑假，根据出版社反馈的关于稿件的各种意见，我又花了一个多月的时间对书稿中的注释、文字表述等进行了一次系统的修订，并再次交由舒先生定稿。

这本书稿，是舒先生和我用 E-mail 跨越太平洋合作编译而成，这种合作方式，我们都未曾经历过，但从开始计划直至书稿完成，我们都默契而愉快地展开协作。本书正式进入出版程序，是 2019 年下半年，就是在那一年末的春节期间，武汉因爆发疫情而经历苦痛，数月之后，疫情得到了控制，然而世界的疫情却愈演愈烈，不计其数的人因此而离世。疫情期间，我和舒先生也偶尔会互通邮件，表达彼此的问候和祝福。在今年春天收到的一封邮件中，舒先生提到他唯一的爱子前段时间过世了，我瞬间默然，不忍去问是什么原因导致了如此的哀痛，那一刻，我只想着能让这本书早日面世，或许这能让年事已高的舒先生略感宽慰。

最后，中南财经政法大学哲学院的王雨辰院长的支持，武汉大学出版社李程编辑的辛勤付出，使本书得以顺利出版，一并致谢。

夏世华

中南财经政法大学哲学院

2021 年 8 月 12 日